« Seule contre tous... »

Groupe Eyrolles
61, bd Saint-Germain
75240 Paris cedex 05

www.editions-eyrolles.com

Également dans la collection « Histoires de vie » :

Mary Genty, « *Non, je ne suis pas à toi* »
Dany Salomé, « *Je suis né ni fille ni garçon* »
Pauline Aymard, « *Elle s'appelait Victoire* »
Les filles du calvaire, « *Le ventre vide, le froid autour* »
Mathilde Cartel, Carole Richard et Amélie Rousset, « *J'ai aimé un pervers* »
Philippe Cado, « *Le jour où je me suis pris pour Stendhal* »

Avec la collaboration de Cécile Potel

Histoires de vie

Karine Fleury

« Seule contre tous... »

EYROLLES

Remerciements

Je remercie tout particulièrement mon compagnon pour son soutien indéfectible, ainsi que ma famille et mes amis.

Ainsi que Florian et Annie, qui ont subi leur part d'attaques dans ce « grand et beau groupe ».

Je remercie enfin le docteur N. de la médecine du travail qui m'a soutenue, ainsi que mon médecin de famille Laurent S., pour son écoute particulièrement précieuse.

Introduction

Cet ouvrage résume une partie non négligeable de ma vie. J'ai souhaité la relater pour donner la possibilité à ceux qui vivent ou ont vécu la même expérience que moi, de ne pas se sentir isolés et de faire la lumière sur des méthodes condamnables. J'ai longtemps vécu dans la souffrance, la honte et même la culpabilité. Mais parce que je ne veux pas que certains agissements tombent dans l'oubli ou se renouvellent avec d'autres victimes et que leurs auteurs en ressortent glorieux, j'ai décidé de mettre cette affaire sur la place publique. Je trouve important de remettre les choses à leur place. Je tiens à alerter le public et pourquoi pas les autorités, sur cette forme atypique qu'est le harcèlement en milieu professionnel, et plus particulièrement ce que subissent les salariés engagés syndicalement pour défendre leurs droits ainsi que ceux de leurs collègues.

Nous sommes plus communément sensibilisés à une forme dite classique de harcèlement : un individu fait du mal à un autre par le biais de maltraitances physiques ou psychologiques dans le milieu personnel ou professionnel. Pour ma part, j'évoque ici une forme encore plus subtile, s'il est possible, et tout aussi destructrice de harcèlement, qui se développe au fil des ans dans un silence absolu. Comme vous le verrez au long de ces pages, un individu peut être mis à la place de harceleur sans le moindre procès, alors qu'il est en fait victime. Il peut être écarté, calomnié, avili, rabaissé jusqu'à ce qu'il ne puisse plus se relever, alors même qu'il est totalement innocent. Les accusateurs sont en réalité de fausses victimes consentantes, animées par l'appât du gain. Ou bien des victimes manipulées par leur direction, désireuse de mettre à l'écart certains employés.

Mon histoire met en relief les dysfonctionnements de l'inspection du travail, des instances prud'homales et d'une certaine catégorie de représentants du personnel totalement dédiés à leur hiérarchie, dans un projet carriériste, au mépris des droits des salariés.

J'ai attendu près de onze ans avant d'en parler. Pourquoi ? Tout simplement parce que la plaie qui ne se refermera jamais était jusque-là trop douloureuse. Maintenant, je me sens assez forte pour rebondir et raconter dans le détail le processus qui a été mis en place pour m'éliminer et pour saborder le travail de 500 salariés.

Je rends hommage à celles et ceux qui ont pris la peine de m'écouter et de rechercher la vérité, personnes sans lesquelles j'aurais été totalement anéantie.

Karine Fleury

Des débuts mouvementés

Tout commence en mars 1996 quand, par un heureux concours de circonstances, on me propose de remplacer la vendeuse chargée de la librairie *Livres en délire*. Ce jour-là je me dis que la chance est avec moi. J'ai 22 ans et tout à apprendre. J'ai besoin de travailler, de m'épanouir dans un métier que j'aime et voilà que l'on m'offre un emploi dans une librairie… Belle aubaine ! Le 5 mars 1996, date officielle de mon embauche, je commence donc à apprendre mon métier de vendeuse aux côtés de Nolwenn, que je m'apprête à remplacer. Malgré le peu de temps qu'il lui reste avant son départ, cette dernière m'explique patiemment le mode de fonctionnement du magasin. Je suis un peu surprise que le gérant ne se charge pas en personne de cette formation, mais après tout cela m'est égal, je préfère la compagnie de Nolwenn. Malheureusement, nous ne passons que peu de temps ensemble, suffisamment toutefois pour qu'elle me confie, avant son départ : « La formation est terminée ! Pour le reste, je préfère ne pas t'en dire plus, tu le découvriras par toi-même… Tu vas vite comprendre ! » Sa phrase sonne comme une menace, et tout en la finissant elle jette un regard vers la réserve où se trouve notre responsable. Je ne relève pas, je me

© Groupe Eyrolles

1

contente d'écarquiller les yeux pour exprimer mon incompréhension totale, sans oser demander de détails. Jusqu'ici Nolwenn n'a jamais dévoilé ses pensées profondes, contrairement à moi qui, de nature confiante, n'ai aucun secret pour personne. Je trouve cela étrange et à la fois j'admire cette capacité à tenir sa langue… Pour l'heure, je reste avec ce sous-entendu obscur sur les bras ! Ne sachant quoi en faire et fidèle à moi-même, j'oublie vite ses paroles pour me concentrer sur ma tâche.

Mes connaissances littéraires et mon autonomie sont rapidement reconnues et appréciées par mon responsable. Un peu trop sans doute : heureuse d'avoir été choisie et par volonté de me faire bien voir, j'accepte tout ou presque. Eh oui ! je veux que mon CDI soit confirmé à l'issue de ma période d'essai ! Si bien que Jérôme Robert, mon responsable et gérant du magasin, ne tarde pas à user et à abuser de mon enthousiasme. Ainsi au bout de quelques jours, je me retrouve seule dans le magasin. Je m'occupe des clients, des livraisons, je fais des heures à n'en plus finir et bien entendu, elles ne me sont pas payées. Quant à mon contrat de travail, Jérôme Robert me propose de le modifier : « Ce sera plus simple de faire démarrer officiellement ton embauche le 8 mars. » Je dois payer mes factures, de plus ce travail me plaît… J'acquiesce sans protester, après tout mon responsable doit savoir ce qu'il fait.

Au terme de ma période d'essai, je signe avec joie mon premier CDI. Les clients sont agréables, nos échanges constructifs. Je noue des liens privilégiés avec certains d'entre eux qui n'hésitent pas à venir me saluer lors de leur passage en ville.

L'atmosphère est conviviale, nous échangeons quelques nouvelles générales et je les informe de l'arrivée d'ouvrages pouvant les intéresser. J'en arrive même à connaître les goûts de certains habitués, à la recherche de documents ou de livres précis que je n'hésite pas à leur réserver.

Tel est l'avantage d'être seule au magasin : peu à peu je mets en place le fonctionnement qui me convient, et qui me semble plus commercial que celui de Jérôme Robert. En effet, je réprouve les ventes forcées ou les conseils trop appuyés, qui n'ont pour but que d'écouler au plus vite les stocks, d'autant plus lorsque la qualité du produit est douteuse… Voilà autant de « détails » qui viennent heurter régulièrement mes valeurs ! Mais après tout, le monde est imparfait. Je continue donc mon petit bonhomme de chemin, en mettant du cœur à l'ouvrage.

À force de soulever des cartons − nous recevons plusieurs palettes de livres par semaine − je commence à souffrir du dos. Lorsque je porte ce fait à la connaissance de mon responsable, il roule des mécaniques et me montre comment « dépalettiser » 250 à 300 kilogrammes de livres en quelques minutes. C'est-à-dire en se fracassant le dos, en y gagnant des joues rouge pivoine et en se payant une bonne suée… En somme, des conditions idéales pour commencer une bonne journée de travail avec des clients qui se tiennent à 30 centimètres de vous ! Lorsque les palettes suivantes arrivent, je ne tombe pas dans le panneau. Je préfère travailler à mon rythme, rapide mais en mesurant mes gestes et les positions que je prends. Je n'ai pas signé pour les travaux forcés !

Je ne me plains pas, et en y réfléchissant, auprès de qui pourrais-je le faire ? En effet, il semble que Jérôme Robert ait un emploi du temps personnel très chargé et des priorités autres que celles du magasin. Il ne m'aide que rarement et je découvre rapidement pourquoi. Lorsqu'il va s'enfermer dans la réserve au fond de la librairie, pas plus grande qu'un mouchoir de poche, ce n'est pas pour travailler mais pour s'entraîner. Car Jérôme Robert est alpiniste et doit être au top de sa forme pour escalader les sommets. La fragile cloison qui sépare la réserve du comptoir du magasin ne suffit pas à étouffer sa respiration rythmée et ne laisse aucun doute sur son activité. Des entraînements, tu m'en diras tant !

J'ignore si mon responsable a un jour gravi la moindre montagne avec succès mais, dans le magasin, il est champion dans l'art de courtiser les jeunes et jolies clientes. En mon for intérieur, je ne peux m'empêcher de plaindre sa femme, que j'ai eu l'occasion de rencontrer. Petite, blonde, menue, dotée d'un joli visage et mère d'adorables petites filles aux prénoms originaux… Je me dis parfois que cette pauvre femme est bafouée depuis longtemps. Occupée par l'éducation de ses filles, elle semble faire confiance à son mari, qui donne bien le change.

Mais plus je travaille avec lui, plus les jours passent et plus je prends la mesure de sa désinvolture. Le jour où il laisse traîner un livre pornographique dans les toilettes, je m'énerve sérieusement : il ne faut pas pousser quand même ! Je lui jette un regard noir, lui envoie deux remarques bien placées et je fiche son torchon à la poubelle. De son côté, Jérôme Robert ne cille pas, affichant une indifférence totale.

Quelque temps plus tard, je subis une petite opération chirurgicale qui nécessite une courte hospitalisation, suivie d'un arrêt de travail. L'après-midi même de l'opération, Jérôme Robert s'arrange pour trouver le numéro de mes parents et demande à mon père si je peux venir travailler immédiatement, car il souhaite partir en week-end. J'en reste comme deux ronds de flan ! Alors quoi ? Pas de pitié dans le commerce ? Tant que vous bossez comme une mule on vous adule, et lorsque vous avez une baisse de régime, on vous le fait remarquer. Elles sont vite oubliées les longues heures passées à travailler pour des clopinettes, les initiatives prises pour améliorer les présentations, les ventes ! Vous n'êtes plus bon à rien. J'ai l'impression qu'il se fiche de moi, mais que faire ?

Une autre fois, mon responsable laisse la minuscule porte de la réserve où je range mon sac à main, ouverte. Je ne dispose pas de vestiaires ou d'armoire fermée à clef (malgré ce que stipule le code du travail) et ce qui devait arriver, arrive : on me vole mon sac, la veille de mes examens à l'université. Je suis dépitée, mon sac contenait mes papiers d'identité et surtout ma carte d'étudiante. Sans ce précieux sésame, il m'est impossible de me présenter aux examens. Jérôme Robert s'en fiche royalement. Après avoir passé l'après-midi au commissariat pour la déclaration de vol, puis à la banque pour bloquer ma carte bleue, je reçois un appel d'une agence immobilière proche du magasin qui me dit avoir récupéré mon sac. Seule ma carte bleue, qui est désormais inutilisable, manque. Je pousse un soupir de soulagement, je peux me présenter à l'université le lendemain matin. Quant à Jérôme Robert, il ne manifeste aucun regret de ne pas

5

m'avoir soutenue dans ce moment. Cet individu est dénué de toute forme de compassion, seule sa petite personne compte, je n'en reviens pas ! Je ne représente rien pour lui ? Je suis un microbe à son service ? Je me sens mal à l'aise en sa compagnie, pour autant, j'aime mon métier et je n'envisage pas de partir. De plus, j'ai besoin de ce travail et quelque part, je trouve mon compte dans les absences de mon responsable. Au moins ai-je une marge de manœuvre agréable. Il ne se sent pas concerné par les mésaventures de son personnel ? Malheureusement, rien ne s'arrange avec le temps…

Nous sommes le 2 janvier et nous devons effectuer à la main l'inventaire de notre stock. À l'ancienne, avec un stylo et un bloc pour tout support… Pas simple ! La méthode est un peu archaïque, bien que pas si inhabituelle. Je me souviens quelques années plus tôt avoir travaillé dans un supermarché et avoir dû compter une à une toutes les vis du rayon. Une horreur. À mon avis le décompte ne devait pas être très juste. Voilà que je me retrouve dans le même système, c'est à croire que dans le commerce il est impossible d'avoir un esprit logique et pratique ! À 7 heures 30 du matin, je me tiens debout dans les rayons, un peu fatiguée par les fêtes de fin d'année et surtout par le surcroît de travail occasionné par les ventes de Noël. Malgré cela je suis fidèle au poste, je n'ai pas le choix. À 8 heures, pas de chef. À 8 heures 30, toujours rien. C'est alors que le téléphone sonne. D'une voix étouffée, Jérôme Robert m'annonce qu'il ne pourra pas venir, car il est retenu en Espagne. Sa sortie en montagne s'est mal terminée et la garde civile a dû les récupérer, lui et ses compagnons d'infortune, en mauvaise posture. Je dois donc me résoudre à faire l'inventaire seule. La douche froide ! Que faire ? Je n'ai pas d'autre choix que de m'y mettre, la rage au ventre. Je doute fort de la véracité de son excuse, mais je ne peux rien prouver. Face à l'ampleur du travail qui m'attend, je suis sur le point de baisser les bras. J'en aurai au moins jusqu'à minuit en comptant la réserve du sous-sol.

Péniblement, je regroupe les premiers livres et les retourne pour noter les codes-barres, ainsi que le nombre d'exemplaires. J'avance lentement, sans entrain. À 9 heures 30, j'entends des coups vigoureux contre la vitrine. Sans doute un client qui n'a pas lu l'affiche le prévenant de la fermeture exceptionnelle du magasin pour cause d'inventaire… En soupirant, je cesse mon travail pour aller répondre, en me forçant à sourire. Quelle n'est pas ma surprise lorsque j'aperçois mon responsable régional chargé des magasins du Sud-Est, Luc Mannot ! Je l'aime bien, c'est un homme gentil et honnête. Il est surpris et en colère de découvrir la situation, et en l'écoutant je comprends que Jérôme Robert a acquis une réputation de tire-au-flanc dans l'entreprise – ce qui ne m'étonne guère. Luc Mannot passe quelques coups de téléphone au siège de la direction. La conversation paraît animée et les piétons sourient en le voyant faire des gestes désordonnés au beau milieu de la rue. Son appel terminé, il revient vers moi et reste pour m'aider à faire l'inventaire. Jérôme Robert va en prendre pour son grade à son retour, c'est certain.

J'apprendrai quelques mois plus tard que son histoire de garde civile était fausse. Il s'était vanté auprès des gérants d'un autre magasin de la chaîne d'avoir préféré rester chez lui au chaud, plutôt que de venir travailler.

Hélas, ce mensonge est vite suivi d'un autre. Quelques jours plus tard, Jérôme Robert m'annonce avec une mine déconfite que la société va mal et que les résultats ne sont pas au rendez-vous. Face à cette situation, le directeur de la plateforme lyonnaise dont notre magasin dépend n'a d'autre choix que de réduire mes heures de travail, et donc mon salaire. Il n'est pas question non plus de me verser la prime promise, prime correspondant aux résultats de nos très bonnes ventes de fin d'année. Mes efforts pour être à la hauteur de mon poste sont récompensés d'une singulière manière…

À la suite de cet entretien, et commençant à connaître le personnage, je décide de demander conseil à l'inspection du travail avant de signer l'avenant à mon contrat. Le verdict m'est donné en cinq minutes chrono ! Je suis étonnée de la réponse expéditive de cet organisme. Sans chercher à connaître le véritable état financier du magasin, ils me répondent que si je veux conserver mon emploi, je n'ai pas d'autre choix que d'accepter. Cela ne m'arrange pas, mais que faire ? Ils doivent bien savoir ce qu'ils disent, l'inspection du travail est une instance compétente.

Ironie du sort, j'apprends quelque temps plus tard que Jérôme Robert, en accord avec le directeur de la plateforme – un ami à lui – m'a menti. Fier de lui, il ne s'est pas gêné pour raconter à des collègues d'une ville voisine qu'il a convaincu le directeur de la plateforme de ne pas me verser ma modeste prime et de réduire mes heures pour augmenter son propre salaire. Intérieurement je le maudis pour ses magouilles, mais je ne peux rien prouver et je ne dois mettre personne en défaut. Je dis souvent que la roue tourne, j'attends donc que la chance soit de mon côté.

En septembre 1996, la chaîne à laquelle notre magasin est rattaché fait un gros coup commercial en mettant sur le marché un dictionnaire à prix réduit. Tous les moyens de communication sont déployés : la télévision, la radio et la presse écrite en parlent de façon très positive. Enfin un dictionnaire complet pour moins de 15 euros ! Les répercussions ne tardent pas à se faire sentir. Nous vendons 90 dictionnaires par jour, autant dire que le chiffre d'affaires du magasin se porte bien… Pourtant on me réduit mes heures et mon salaire ! Quant à Jérôme Robert, il fanfaronne devant le journaliste d'un quotidien local qu'il a lui-même convoqué. En bon comédien, il n'a aucun mal à renvoyer une image décontractée et sympathique de lui-même. Et pendant qu'il joue les stars, je m'occupe des clients qui attendent.

Cependant, l'euphorie est de courte durée. La concurrence n'apprécie pas du tout ce nouveau produit, qui court-circuite ses ventes de la rentrée scolaire, et rapidement la nouvelle tombe : un éditeur célèbre accuse notre chaîne de plagiat. Nous savons tous que ce dictionnaire n'est qu'une pâle copie de son frère aîné et personne n'est étonné de le voir retiré de la vente, à la suite d'une décision de justice. Aujourd'hui ce dictionnaire est devenu un collector et un exemplaire en est exposé au musée de la Contrefaçon. Belle fin pour un vulgaire ersatz !

Tout va de mal en pis et en 1998, notre chaîne connaît un premier dépôt de bilan. Le directeur de la plateforme ne part pas les mains vides. D'après Jérôme Robert, il a chargé quelques camions avec de la marchandise, des livres et du matériel, dans le but de tout revendre ou de monter un autre commerce.

Le concept de notre chaîne était pourtant bon, dommage qu'il y ait eu de mauvais gestionnaires à sa tête… L'air soucieux, mon responsable m'explique que trois repreneurs sont sur les rangs, mais qu'il faut absolument en écarter deux, sans quoi c'en est fini de nous. Finalement, le tribunal choisit l'un des deux repreneurs tant redoutés par mon responsable, et nous apprenons que le groupe Orion sera désormais aux commandes. Je suis curieuse de voir comment cela va se passer… Orion, un puissant groupe ayant pignon sur la façade méditerranéenne, qui détient déjà plusieurs chaînes de magasins de vêtements, de décoration, et qui emploie des milliers de salariés sur tout le territoire français. Je ne comprends pas leur motivation à nous reprendre, nos métiers sont aux antipodes les uns les autres. J'apprends alors que nos pas-de-porte les intéressent et ce à juste titre, car les magasins de la chaîne *Livres en délire* représentent les meilleurs emplacements de la ville en termes de commerce. En nous rachetant pour le franc symbolique, le groupe Orion réalise une sacrée affaire et compense facilement quelques déficits sur ses autres magasins de textile. Je sens malgré tout que nous ne partageons pas la passion des livres, et que leur idée n'est pas de nous garder longtemps dans leur giron.

À la suite de l'avènement d'Orion, les relations entre la direction et Jérôme Robert commencent à se dégrader. Le nouveau groupe souhaite se débarrasser des gérants de magasins pour reprendre un contrôle total sur l'ensemble des magasins nationaux, et il leur semble hors de question que certains réfractaires leur mettent des bâtons dans les roues. Des pressions sont alors exercées sur lui, dans le but de le faire partir. Ses parts doivent être vendues à un prix inférieur à celui de leur achat et bien entendu, Jérôme Robert proteste. Cependant il n'obtient pas gain de cause et se plie aux desiderata de la direction. De mon côté, je me tiens à l'écart de ces remous. Après tout, ce sont ses affaires et même si j'ai des doutes quant aux intentions du groupe Orion, je trouve plutôt logique que la direction cherche à se séparer de Jérôme Robert, dont le professionnalisme me semble tout à fait discutable. Je ne vais tout de même pas le défendre !

Mais peu de temps après, un nouveau régional, Thierry Bibard, est nommé. Adieu Luc Mannot ! Je suis déçue qu'un homme intègre comme lui doive s'en aller et je commence à m'inquiéter de tous ces remaniements… À peine nommé, le nouveau responsable vient régulièrement dans notre magasin, pour observer nos méthodes de travail. La tension est palpable et je me retrouve malgré moi en porte-à-faux vis-à-vis de mon responsable. Ainsi, Jérôme Robert se persuade que je fomente une rébellion à son encontre, tandis que je me trouve de plus en plus gênée d'assister à sa mise à l'écart. En plus d'être menteur, le voilà qui devient paranoïaque, voyant des ennemis partout autour de lui ! Il n'a pas besoin de moi pour s'attirer des ennuis, il se débrouille très bien tout seul. Quant au précédent responsable régional, il est remercié d'une façon cavalière. Telle est la marque de fabrique de cette nouvelle direction, visiblement : briser ceux qui ne veulent pas se soumettre ! Ce climat ne me dit rien qui vaille, pourtant je ne songe pas une seconde à partir.

Un jour, le nouveau directeur général du groupe, un homme grand et élancé, assez charismatique, vient sur place pour rencontrer Jérôme Robert et apaiser la situation. Malheureusement, cette rencontre en pleine rue, devant les présentoirs extérieurs au magasin, tourne rapidement à la rixe. Les yeux exorbités, mon responsable disjoncte et tente d'assener un violent coup de poing sur le visage du président. Ce dernier, demeurant d'un calme olympien, évite le coup et saisit le rebelle par le bras, le forçant à traverser tout le magasin en direction de la petite réserve. Je vois la fin de Jérôme Robert arriver, je me doute que ce genre de comportement n'est ni bon pour les ventes du magasin, ni pour l'atmosphère de travail, sans compter que la crédibilité de la direction est entamée.

Les derniers temps, nos échanges seront froids : Jérôme Robert m'en veut et il me le fait savoir. Notre nouveau responsable régional, venu à plusieurs reprises pour « analyser » nos méthodes de travail et de vente sur place, me propose quelque temps plus tard de soumettre ma candidature à la direction pour le poste de responsable. Bien que flattée, je me retrouve dans une situation assez inconfortable. Si ce n'était pas déjà le cas, Jérôme Robert aurait toute motivation à présent de me haïr ! Rien de tel pour le conforter dans son idée que je suis l'instigatrice de sa chute ! En effet, je remarque que la femme de Jérôme Robert est présente au magasin à chaque fois que Thierry Bibard vient nous voir. Et lorsque le responsable régional ne prévient pas de sa venue, Jérôme Robert s'empresse d'appeler sa femme, qui arrive en renfort dans les minutes qui suivent. Mon responsable n'a pas besoin de garde du corps, je suppose alors qu'il prend sa femme à témoin, en cas de pépin. À la regarder en tout cas, il est évident qu'elle épie chacun de nos échanges. Je suppose que Jérôme Robert compte sur sa femme pour prouver un quelconque harcèlement ?

Malgré ses efforts pour éviter le drame, Jérôme Robert quitte ses fonctions un beau matin. Et le 2 mars 1999, je deviens officiellement responsable du magasin, sans avoir bénéficié d'une quelconque formation… À moi de faire mes preuves !

La grande mascarade

Dans le courant du mois de mars, à la demande de la direction, je commence à recruter ma nouvelle équipe de vendeuses. Mon choix s'arrête sur deux jeunes femmes, Mélanie et Rosalie, qui débutent leur contrat à durée déterminée de 30 heures hebdomadaires sans tarder. L'atmosphère s'adoucit dans le magasin dès leur arrivée, cela me change de Jérôme Robert ! Un climat d'évidente complicité s'installe entre nous trois, nous plaisantons souvent, de façon très détendue et sans tabous, échangeant quelques confidences. Rosalie n'a pas une vie facile, et je suis touchée par ce qu'elle traverse. Son compagnon a arrêté son activité de disc-jockey à la demande de Rosalie, qui craint des rapprochements avec les jeunes femmes, en boîte de nuit. Depuis, ils peinent à joindre les deux bouts avec son seul petit salaire, ce qui fragilise encore leur relation de couple. L'entraide et la solidarité étant des valeurs fondamentales chez les Fleury, c'est spontanément que je propose à Rosalie et son compagnon de leur donner un four électrique, que mon père dépose chez eux. J'installe également un petit réfrigérateur ainsi que deux plaques chauffantes, héritage de ma vie universitaire, dans la réserve du magasin. Ainsi nous avons une cuisine à disposition, bien pratique en ces temps de disette !

Par ailleurs, j'essaie d'accélérer la procédure pour valider définitivement leurs contrats auprès de la direction. En principe, mes deux nouvelles vendeuses doivent attendre un renouvellement de leur CDD, mais j'insiste pour sauter cette étape et les faire passer directement en CDI. Elles sont impliquées, sérieuses et je souhaite garder cette équipe avec laquelle je me sens si à l'aise. La direction accepte, à la grande joie de Mélanie et de Rosalie.

Les mois suivants, tout va pour le mieux au magasin. Mélanie a de réelles compétences et m'assiste bien, quant à Rosalie je la trouve vaillante. Elle m'amuse aussi, à jouer de son physique. Je sens qu'elle a besoin d'être aimée et admirée, cela la rend touchante. Au fil du temps nous devenons de vraies copines et nous passons des moments ensemble en dehors de notre lieu de travail. Chaque mardi soir, jour où Rosalie est chargée de fermer le magasin, je la raccompagne chez elle en voiture. Il nous arrive d'aller prendre un verre en centre-ville, de nous inviter pour l'apéritif chez les unes et les autres, ou encore de dîner au restaurant. Un soir, nous allons même danser dans la boîte de nuit préférée de Mélanie, pour nous amuser un peu. Nous nous offrons des cadeaux pour nos anniversaires respectifs, nous discutons souvent de nos vies privées, de nos familles. En bonnes Brigitte Bardot amoureuses des bêtes, nous nous donnons des nouvelles de nos animaux. Il nous arrive aussi de nous échanger des vêtements… Bref, je vois en Mélanie et Rosalie de vraies amies.

À mes yeux, Mélanie reste la vendeuse numéro un. Je sais qu'elle nourrit le désir d'avoir son propre magasin à terme et je l'en crois capable. Lorsque je prends mes congés, elle me

© Groupe Eyrolles

remplace brillamment, à tel point que la direction lui propose une prime. Je me rends bien compte que mes retours la dérangent un peu, car malgré la marge de manœuvre que je lui laisse avec plaisir, elle s'habitue à diriger comme elle l'entend durant mes absences. Cela dit elle n'en fait pas cas, ni mention, et l'entente entre nous reste au beau fixe.

En raison de mes nouvelles fonctions de responsable de magasin, la direction me convie à une réunion nationale, qui se déroulera à Paris. Je n'ai jamais pris l'avion, et c'est euphorique que j'annonce cette nouvelle à Mélanie et Rosalie. Lorsque le jour J arrive, je pars très tôt de chez moi pour aller prendre l'avion, censé décoller vers 7 heures. Rien ne m'est refusé, je fais le trajet en taxi jusqu'à l'aéroport, excitée par cette nouvelle aventure. Pourquoi ne pas en profiter ? Tout est pris en charge par la boîte !

Lorsque l'avion décolle, je vis une expérience grisante et inoubliable, je suis tout simplement aux anges. En revanche, je fais pâle figure en débarquant dans l'aéroport d'Orly et parviens à me diriger tant bien que mal vers le point de rencontre prévu avec mes collègues du Sud-Est. Je me fais l'impression d'une jeune paysanne qui se rend pour la première fois à la capitale ! À l'affût de la moindre tentative d'agression, je tiens mon sac bien serré contre moi, jetant çà et là des regards suspicieux… Le premier qui m'approcherait sans y être invité serait bien reçu : un grand coup de sac à main sur la tête et plus si affinités ! J'ai entendu dire tellement de choses sur Paris, la ville de tous les dangers. Les provinciaux s'y font détrousser paraît-il, mais moi je ne me laisserai pas faire. Tout en restant

17

vigilante lors de mes déplacements suivants, je constate vite que cette légende est surfaite. Même si la prudence est de mise, comme dans toute ville, on ne se fait pas attaquer à chaque coin de rue ! Pas plus que chez moi, en tout cas. Je me détends donc assez rapidement.

Après quelques détours, je retrouve mes collègues du Sud-Est. Je me réjouis de pouvoir discuter avec les autres responsables et de bénéficier de leur expérience professionnelle. À première vue il n'y a que des femmes, à peu près du même âge que moi. C'est à croire que les postes importants sont réservés aux hommes dans cette entreprise ! Mais bon, passons. Une certaine euphorie nous gagne peu à peu, je ne suis visiblement pas la seule à avoir pris l'avion pour la première fois… Alors prendre l'Orlyval, ce mystérieux moyen de locomotion, ça devrait être quelque chose ! Entre fous rires et clins d'œil complices, nous suivons comme des écolières Thierry Bibard, le seul responsable masculin, qui connaît les lieux. « Qu'est-ce qu'il est fort dis donc ! Il a l'air de connaître Paris comme sa poche. » Normal, il travaille pour la direction et vient souvent à la capitale pour assister à ses réunions. Après le voyage ultra-rapide en Orlyval, je prends le métro pour la première fois également. Me voilà un peu déçue par cette nouveauté : le métro est certes un moyen pratique et rapide de se déplacer, mais question propreté et promiscuité, ce n'est pas la panacée.

Enfin, notre groupe arrive à l'hôtel réservé pour nous par la direction. Comme des touristes, nous nous arrêtons de l'autre côté de la rue pour l'observer. Il y a erreur, cet hôtel n'est pas pour nous ! Le régional qui nous guide nous confirme pourtant d'un ton goguenard qu'il s'agit bien de l'hôtel où nous allons passer la nuit. Je reste complètement scotchée et je ne suis pas la seule, un ange passe. Dites donc ! on ne s'est pas moqué de nous. Un peu intimidé, notre groupe franchit la porte de l'immeuble et traverse un sas équipé d'un tourniquet, non sans avoir salué le concierge en livrée qui nous souhaite la bienvenue. Silencieuses, les autres responsables et moi-même traversons l'immense hall qui brille de mille feux. Quelques exclamations admiratives fusent de-ci, de-là, c'est si beau ! Nos cartes d'accès nous sont remises et chacune de nous gagne sa chambre, après avoir emprunté des ascenseurs dont les parois nous renvoient nos images comme des miroirs. Je commence à me sentir mal à l'aise, je ne suis peut-être pas assez bien habillée pour cet endroit ? Je pousse la porte de ma chambre et découvre les lieux en écarquillant les yeux : la salle de bains est incroyable, il me semble que les robinets sont en or. Je me demande combien coûte une nuit passée ici. Tout ce luxe me gêne, je n'y suis pas habituée, à tel point que je n'ose rien toucher de ce qui m'entoure. Tiens, un minibar ! Je me remémore les paroles de notre responsable régional à ce sujet : « Ne touchez pas aux boissons, j'ai laissé ma carte bleue en caution et les consommations seront débitées sur mon compte personnel ! » Finalement, la direction n'est pas si généreuse… L'obliger à se porter caution pour nous ? C'est bizarre !

Je passe quelques coups de téléphone à ma famille depuis mon téléphone portable, sans oublier mes collègues, Mélanie et Rosalie. Je leur décris consciencieusement la chambre et le luxe de l'hôtel, comme une enfant qui découvre un nouvel univers.

Un peu plus tard, je me rends avec mes collègues responsables à la fameuse réunion, dont je découvre vite qu'elle tient du show à Las Vegas : musique à gogo, entraînante, on se croirait à la remise de médailles de la coupe du monde de football en 1998 ! Nous sommes des « *winners* »[1]. Puis un repas somptueux nous est offert pour clôturer cette soirée, servi par des professionnels de la restauration très stylés. Les mets sont raffinés et délicieux, on peut dire que la direction fait tout pour nous mettre dans sa poche. Tandis que nous dînons, les membres de la direction font consciencieusement le tour des tables pour voir si nous sommes contents, si nous passons une bonne soirée. Un certain Ernest Lenclume me pose une main sur l'épaule et je réprime un sursaut. Je fais toujours en sorte de ne pas avoir de préjugés envers les gens, mais cet homme-là m'inspire instantanément un dégoût physique. Quelque chose en lui me révulse, il me paraît faux, fourbe. J'en ai presque la nausée, ma soirée s'en trouve gâchée. Heureusement, je retrouve rapidement mon groupe pour un petit digestif en leur compagnie.

Cette fameuse réunion nationale, ce show pour décérébrés (je m'inclus dans le lot !) qui aurait mérité que l'on vienne non pas en jean mais en tenue de soirée, ne manque pas de piment. Les nymphettes de la CFDT (ou en passe de prendre cette étiquette), elles, ont prévu le coup. Elles redescendent de leur chambre fraîchement douchées, fardées, parées de mille feux dans des robes de circonstance. Je n'ai encore jamais assisté à une telle mascarade. Pendant les pauses (régulières), nous avons

---

1. *Winners* : gagnants.

droit à un magnifique buffet qui change en fonction de l'heure : boissons chaudes et jus de fruit accompagnés de brioches et viennoiseries le matin, et petits en-cas salés savoureux l'après-midi, avant le dîner. Il n'est pas la peine de penser à faire un régime dans ce genre de réunion ! Tout a l'air tellement bon que les yeux me sortent de la tête ! Je me fais la réflexion que les serveurs répondent pour nous approvisionner, alors que des salariés n'ont même pas un point d'eau pour boire dans leur magasin et qu'ils sont obligés de venir avec leur bouteille personnelle… Décidément, tout cela me semble un peu décalé.

Je me demande ce que je fiche là. Le contenu de la réunion lui-même me paraît plutôt creux. De *Travail Famille Patrie*, nous sommes passés à *Travail Famille Entreprise*. J'ose émettre un petit commentaire surpris auprès de ma voisine du magasin d'Antibes, qui ne semble pas apprécier mon manque d'adhésion. Mon responsable régional est assis à ma gauche, je décide de tenter un « c'est quoi ce truc ? ». Il me répond tout sourires de ne pas m'inquiéter, d'écouter, en ajoutant que « ce qu'ils ont à proposer est génial ». Bien, me voilà ramenée à ma condition de « petite du Sud-Est » qui a tout à apprendre ! J'écoute donc. Et plus j'écoute, plus je me demande ce que je fais là. Je ne comprends pas : au lieu de parler des livres que nous vendons, on me soumet une stratégie de communication bien ficelée. Quelque chose me dérange, sans que je parvienne à mettre le doigt dessus. Peut-être est-ce cette musique entêtante que l'on nous passe dès qu'un nouvel interlocuteur monte sur scène pour faire son discours ?! Peut-être est-ce ce style très amical, presque intime, « on vous aime, nous sommes une grande famille… » ? Toujours est-il que plus je regarde les gens autour de moi qui applaudissent sur commande – un peu comme dans les shows américains où les chauffeurs de salle agitent la pancarte « *Applause* »[1] –, qui rigolent pour un rien, qui semblent hypnotisés, plus je commence à me faire un film. Et si cette boîte était une secte ? Non, impossible, je dois encore voir le mal partout. Pourtant, cela y ressemble. J'ai vraiment l'impression que la direction cherche à nous lobotomiser avec cette réunion. Oui, mais dans quel but ? Pour que les employés adhèrent à la politique de la nouvelle entreprise, peut-être ? Tout en suivant le fil de ma réflexion, je me demande ce qui se passerait si nous n'adhérions pas à leur comédie…

Une femme entre deux âges, aux cheveux courts, monte alors sur la scène encouragée par plusieurs membres de la direction, et je fais taire mes suppositions intérieures. Samantha Binau semble intimidée et déclame d'une voix monocorde un court texte qu'elle peine à lire, perturbée peut-être par l'émotion ou bien le manque d'éclairage. J'écoute d'une oreille distraite, agacée par cette obligation d'inertie, désagréable pour moi. Cependant, je saisis au vol quelques mots : « intermédiaires entre vous et la direction ». Parce que je ne peux pas m'adresser directement à la direction, moi ? De quoi parle-t-elle ? Je comprends qu'elle est candidate aux élections du personnel, qui doivent avoir lieu bientôt. Les élections qui détermineront les représentants de l'UES[2] approchent, et les syndicats se

---

1. *Applause* : applaudir.
2. Unité économique et sociale.

placent. Samantha Binau déclare qu'elle est « sans étiquette », et que si elle était élue elle se contenterait de représenter les salariés. La suite n'annonce rien de bon : c'est tout juste si la direction ne fait pas la bise à Samantha Binau lorsqu'elle redescend de l'estrade, sous quelques applaudissements. Je trouve tout cela surfait, je ne comprends pas en quoi une « amie » de la direction va pouvoir représenter au mieux les salariés.

Le P-DG du groupe demande à une autre personne de bien vouloir monter sur l'estrade pour s'exprimer. Je ne comprends pas son nom et j'attends de voir, mais personne ne bouge dans la salle. Au bout de quelques instants, le public commence à s'agiter, les gens se retournent, et je les imite pour tenter d'apercevoir « celle qui ne se déplace pas ». Une voix féminine s'élève alors, et explique qu'elle préfère rester à sa place pour s'exprimer. Je ne la vois toujours pas. Malgré le micro, la voix me parvient assourdie, irrégulière, parfois irritante. Certains rient et couvrent ses propos, mais je tends l'oreille, intriguée. Je comprends que cette personne parle de conditions de travail, d'intérêt des salariés… Ah, enfin quelque chose d'intéressant ! Malheureusement son discours est à peine audible. À côté de moi, les collègues se moquent d'elle, et la traitent même de fêlée. Je leur demande qui est cette femme, la réponse ne tarde pas à me parvenir : « Laisse tomber, c'est Leila Tarek de la CGT, elle cherche à détruire notre entreprise. » Ah bon ?! Une fois de plus, je me demande où je suis tombée…

Visiblement le discours a été parfaitement compris du côté de la direction, car leurs membres affichent une tête de six pieds de long. Le temps mort qui suit semble perturber le timing, la musique entraînante peine à reprendre le pas sur la suite des événements.

Finalement, le show poursuit son cours. Baptiste Crampon, directeur commercial et filleul du P-DG, fait monter ses « camarades » – responsables régionaux – sur la scène. Là encore, leur prestation tient du spectacle : embrassades et congratulations vont bon train, tandis que la foule applaudit. Les responsables sont fières de voir leur régional monter sur scène… Quelle classe !

Après cette dernière présentation, tout le monde se lève pour aller dîner et moi je rêve du moment où je pourrais regagner ma chambre. Quel cirque ! Et je n'ai même pas pu voir la seule personne dont l'intervention m'a intéressée, Leila Tarek. Je n'ai qu'une hâte, retrouver ma maison, mon magasin, mes amis, ma vraie vie en somme.

Une ascension inespérée

En octobre 1999, en regard des bons résultats du magasin, de ma motivation, de mon souhait d'évoluer dans mon métier, la direction me propose de me rendre plusieurs semaines dans le magasin *Livres en délire* de Saint-Raphaël. Les gérants doivent vendre, et en parallèle, je suis chargée de monter une nouvelle équipe. Ainsi, je rencontre plus de 80 personnes en entretien à l'ANPE, en moins de trois jours. Mais la cession ne se faisant pas, je me vois obligée de rester sur place, oisive. N'y aurait-il pas un dysfonctionnement du côté de la direction ?! Logée dans un bel hôtel, je me dis que ces « vacances » sont plutôt agréables, finalement. Le groupe doit être dans une période faste pour déployer autant de moyens, à moins que les nouveaux patrons ne cherchent à se démarquer des précédents en m'en mettant plein la vue ? Le hic, c'est que je dois avancer des frais d'hébergement et de nourriture, et vu le standing de l'hôtel, cela représente un gros montant. Les jours suivants, je relance à plusieurs reprises la comptabilité du groupe mais rien ne vient, et je me retrouve vite avec un compte en banque à découvert. Je trouve cette attitude peu professionnelle. Heureusement mon banquier, compréhensif, ne me pénalise pas. Les journées me semblent longues à Saint-Raphaël, les consignes tardent à arriver. Je contacte régulièrement Mélanie et Rosalie, à qui je raconte mes journées d'inertie forcée.

Peu après ma mission à Saint-Raphaël, la direction me propose d'intervenir à Antibes, pour aider l'équipe en place. Je reste sur place quatre semaines durant, et reçois une prime totale de 152,44 euros. Je suis ravie : mon besoin de mouvement est assouvi et la direction semble contente de mes services !

Je vis indéniablement une période dorée. Professionnellement tout roule, et au magasin, l'entente est toujours aussi bonne. Début janvier 2000, Mélanie, Rosalie et moi organisons un repas de fête ensemble, avec de petits cadeaux pour chacune à la clé. Il faut bien se faire plaisir, cela ne gâche en rien le travail bien fait, au contraire !

Courant février/mars, le magasin *Livres en délire* d'Aix-en-Provence ferme pour travaux, il nécessite une rénovation complète. Quelques jours avant son ouverture, je participe à son implantation, car il doit être entièrement réinstallé. Je me suis portée volontaire pour cette mise en place. J'adore cette effervescence, cette frénésie qui nous tenaille. Nous travaillons beaucoup et faisons peu de pauses, pris par le temps. Nous terminons quelques minutes seulement avant l'ouverture, je fais l'expérience d'un stress (positif) incroyable ! Nous sommes fiers d'avoir réussi ce challenge. Pour ce travail, Baptiste Crampon m'envoie un courrier daté du 21 mars 2000 dans lequel il m'informe que mon action va être récompensée d'une prime de 152,45 euros brut, qui sera ajoutée à mon salaire de mars. Super !

© Groupe Eyrolles

Le 7 mars 2000, le directeur général du groupe, Christian Louvier, nous informe de la restructuration officielle de notre société : désormais nous ne dépendons plus des entrepôts mais directement de Paris, toujours sous la convention collective du commerce de détail de papeterie. Sur nos contrats nous ne sommes pas libraires ou vendeurs en librairie, mais responsables de magasins ou vendeurs.

Encore une fois, ces changements ne me disent rien qui vaille. Je vois bien que les livres ne sont qu'une marchandise comme les autres aux yeux de la nouvelle direction. Qu'à cela ne tienne, cela ne m'empêchera pas, moi, de faire mon travail avec passion et sérieux.

En mars 2000, une dame d'un certain âge, Nadine Prichez, commence à tourner dans les magasins et dans les bureaux de la chaîne. Elle se présente comme « chasseur de têtes », chargée par la direction de détecter les potentiels de chacun des salariés de la boîte. Lorsqu'elle arrive dans mon magasin, je lui confie que je me sens un peu à l'étroit dans ma ville et que je me verrais bien travailler ailleurs si j'en avais l'opportunité. Elle me conseille d'envoyer un mot à la direction, en lui faisant part de mes ambitions, ce que je fais le 15 mars 2000. J'envoie ainsi un courrier à mon responsable régional, Thierry Bibard, et je mets Nadine Prichez en copie.

Le 22 mars 2000, je rencontre Baptiste Crampon, au sujet de ma candidature pour le poste de responsable du magasin de Marseille. Ce dernier me propose alors deux options : prendre la responsabilité de ce magasin, ou devenir copilote produits de la région Sud-Est. Ma mission de copilote, si je l'accepte, consistera à m'occuper des mises en place et des suivis des commandes, de l'analyse clientèle, de l'analyse des écoulements sur le point de vente, du quadrillage magasin, de l'implantation et de la mise en scène des produits sur l'ensemble des magasins du Sud-Est… tout cela à compter du 1er mai 2000. Je suis immédiatement séduite par le concept. Je vais partir en déplacement deux semaines par mois, avec les équipes nous allons modifier toutes les présentations des magasins en mettant en valeur les univers qui se vendent le mieux, et je vais recevoir en compensation une prime de 228 euros par mois. Mon salaire global sera alors de 1 150 euros net par mois. Je ne sais pas encore ce qu'est une grille de salaire, mais le deal me semble correct et mon souhait d'évolution de carrière est en train de s'exaucer ! Quelques jours plus tard, je signe donc l'avenant à mon contrat le sourire aux lèvres. Enfin presque, car l'obligation d'adhérer à la mutuelle de l'entreprise me chiffonne un peu, j'avais jusque-là réussi à y échapper. Mais bon, sans mutuelle pas de poste, la direction a été claire et la négociation ne semble pas des plus aisées… Qu'importe, le 1er mai 2000, comme annoncé, je prends donc mes nouvelles fonctions en parallèle de mon poste de responsable magasin sur Nice.

Rapidement, je constate un couac du point de vue hiérarchique. En effet, mon nouveau statut n'implique aucun pouvoir disciplinaire sur les équipes en place, mon rôle se limite à celui de commerciale ou consultante ce qui me convient parfaitement. Pourtant, je suis officiellement au même niveau hiérarchique que les personnes que je forme et certains considèrent ma mission comme une ingérence. Comment ça, ils ne sont pas capables de s'occuper de leur magasin ?! En conséquence d'un manque de communication de la direction aux équipes, je me retrouve parfois à m'excuser de ma présence. Heureusement, par la suite, ce problème se limite finalement à deux enseignes, cela reste gérable et n'entame pas ma bonne humeur.

Quelque temps plus tard, Baptiste Crampon me propose de prendre la responsabilité d'un grand magasin du Sud-Est situé à environ deux cents kilomètres de chez moi. Ils ont besoin d'une recrue sérieuse là-bas et ils ont pensé à moi. Je suis très flattée ! Cette proposition me plaît assez, mais je suis un peu tiraillée. Je viens de rencontrer un homme formidable – qui deviendra mon compagnon de route – et j'hésite à m'éloigner. Après réflexion, convaincue que la distance ne sera pas un obstacle, je regarde d'un œil ravi la situation : ma progression me paraît rapide et même, inespérée. Une si belle opportunité se représentera-t-elle un jour ? J'ai envie de tenter le coup. Après tout, je peux toujours essayer, pour voir.

Mélanie et moi nous réjouissons de ces nouvelles perspectives. Il serait logique qu'elle reprenne à terme mon poste au magasin, et nous l'espérons toutes deux. Tout le monde serait gagnant dans ce changement. Pourtant, sans motif clair, la direction s'y oppose, arguant qu'elle a d'autres projets. Du coup je me méfie et reste vigilante. Très vite, on m'informe qu'une coresponsable venant du Nord-Est, Jennyfer, est en route. Une coresponsable et non une responsable, car j'ai finalement souhaité ajouter une clause à mon futur contrat, stipulant la possibilité de retrouver mes précédentes fonctions pleines et entières au cas où mon nouveau poste de responsable sur le futur magasin ne me conviendrait pas. Mélanie est profondément déçue, toutefois elle reste très digne et fait profil bas.

Je n'ai d'autre choix que celui de me résigner et je m'apprête donc à découvrir ma coresponsable, Jennyfer.

Une nouvelle recrue

Chargée d'accueillir ma nouvelle collègue, qui doit arriver sous peu, j'entre en contact téléphonique avec elle. Mon responsable régional, Thierry Bibard, fait de même de son côté. La voix de Jennyfer est claire, enjouée, gaie… Cependant, au bout de quelques minutes, elle nous dit être gênée car la direction ne défraie pas son trajet, et l'engage à venir visiter le magasin sur son temps personnel.

Thierry Bibard exprime son désaccord auprès de la direction et négocie pour que Jennyfer puisse prendre sa décision dans de bonnes conditions. Cette dernière arrive donc au magasin en avril 2000. En début de mois, Thierry Bibard remplit une demande d'embauche au nom de Jennyfer pour le 1er mai (date de ma prise de fonction de copilote produits). La promotion est importante puisqu'elle passe d'un CDD de vendeuse à temps partiel, 20 heures hebdomadaires, au poste de coresponsable de magasin, 39 heures hebdomadaires, assorti d'un salaire de base, plus une prime de remplacement de 114,34 euros mensuels. Le responsable et moi-même organisons le voyage de Jennyfer qui s'avère longuet : 10 heures de trajet en tout, en comptant les attentes et les changements de gare !

Je la vois entrer dans le magasin, fatiguée par son long voyage, mais contente d'être là. Après les présentations d'usage, je conduis Jennyfer à son hôtel, deux rues plus loin. Durant cette courte période, elle rencontre l'équipe et se familiarise avec le magasin. Le contact s'établit facilement, et pour ma part je suis conquise. Jennyfer se montre avenante, joyeuse et nous nous découvrons un point commun : l'écriture. Je lui prête des exemplaires du magazine *Écrire aujourd'hui* que je trouve fort bien fait. Nos relations deviennent rapidement amicales, comme avec Mélanie et Rosalie. Jennyfer se dit enthousiaste à l'idée de s'installer ici, cela va la changer du Nord-Est, assurément. Ne connaissant personne sur place et un peu déroutée, elle me demande si je peux l'aider à trouver un appartement. Native des lieux, je connais certaines agences immobilières et nous trouvons rapidement quelques opportunités. Après avoir exclu certains appartements trop vétustes ou trop bruyants, Jennyfer croit trouver son bonheur dans le quartier du Vieux-Nice. Finalement, prenant en compte mes mises en garde sur cet environnement bruyant, son choix s'arrête sur un appartement tout en longueur de la rue Bonaparte. Sa décision se voit confortée par la rencontre avec son charmant voisin, pour lequel elle a immédiatement un coup de cœur. Parfait !

Malheureusement, la propriétaire annonce à Jennyfer qu'elle doit s'engager le jour même, signer le bail et verser le dépôt de garantie. Jennyfer est bien embarrassée car elle n'a pas son chéquier sur elle et son compte n'est pas suffisamment alimenté. Tout s'enchaîne si vite, elle ne pensait pas trouver un appartement qui lui convienne si bien en deux jours seulement ! Devant son embarras, je me propose de la dépanner, après tout nous allons travailler côte à côte. Ainsi, je lui signe un chèque de caution, d'un montant de 305 euros. Ne pouvant présenter son contrat de travail, pas encore rédigé, Jennyfer se trouve une nouvelle fois prise de court face à la propriétaire hésitante. Je l'accompagne pour confirmer à la propriétaire les propos de Jennyfer, puis, le bail signé, nous allons rencontrer mon assureur pour que Jennyfer puisse assurer l'appartement. Là encore, je lui avance la somme de 95 euros, depuis mon compte personnel. Quelques jours plus tard, la mère de Jennyfer me reverse la totalité des sommes avancées sur mon compte, tout est donc parfait. Durant notre temps libre, je véhicule Jennyfer dans mon cher arrière-pays niçois, afin qu'elle découvre les fabuleux paysages environnants. Ces excursions confortent Jennyfer dans son choix : elle est visiblement heureuse de s'établir ici. Afin de lui permettre de se déplacer par elle-même et à son gré dans la ville et ses environs, j'indique à la jeune femme les arrêts et les horaires des bus, puisqu'elle n'a ni permis ni voiture.

Durant ces moments passés ensemble, Jennyfer se confie à moi. Elle souffre des problèmes relationnels avec ses parents et s'inquiète des malaises de sa grand-mère, à laquelle elle est très attachée. De plus, quelques années plus tôt, elle a contracté un prêt étudiant d'une valeur d'environ 14 635,11 euros, qu'elle s'est engagée à rembourser mensuellement pendant 4 ans. La voilà en galère financière, espérant se remettre à flot grâce à son nouveau statut professionnel. Je l'assure de mon soutien et lui garantis que tout ira mieux, à présent.

Bientôt, toute l'équipe du magasin est invitée à la pendaison de crémaillère de Jennyfer. L'ambiance est détendue, nous mangeons et buvons un peu, tout en commentant ses photos personnelles, punaisées au mur. Jennyfer continue de me livrer des pans de son intimité, ce qui me gêne. Cela ne me regarde pas, mais je la sais dans une situation compliquée, elle qui vient de vivre un déménagement, et je la laisse s'épancher. Elle me raconte notamment ses déboires avec son ancienne responsable, et la critique beaucoup. Jennyfer a l'air d'en avoir bavé !

Fidèles à nos habitudes, Mélanie, Rosalie et moi poursuivons nos sorties au restaurant, avec notre nouvelle recrue. Je constate que Jennyfer confie à tout le monde son histoire, comme elle l'a fait quelque temps plus tôt avec moi. À nouveau, ces confidences livrées sans pudeur me dérangent, sans que je m'y attarde : après tout, il s'agit de sa vie.

Tout se passe donc le mieux du monde, y compris lorsque nous entamons la période de formation au magasin. Jennyfer s'inquiète de ses difficultés à tout assimiler, mais je lui explique que cela est normal, compte tenu de ses nouvelles fonctions.

Durant les pauses, Jennyfer raconte assez librement ses rapports avec son ancienne équipe dans le Nord-Est, reprochant à son ancienne responsable qui a pourtant été son amie, son laxisme et son absentéisme. Visiblement, elle a aussi rencontré des problèmes avec les vendeuses de l'équipe. Jennyfer nous affirme qu'elle gérait seule le magasin, sans appui. À ce moment, une petite alerte retentit dans mon cerveau, mais je balaye cette suspicion d'un revers de la main. Jennyfer raconte peut-être cela pour se faire valoir, c'est humain après tout. Et puis j'ai absolument besoin de sa présence ici pour pouvoir partir à Marseille. Je décide donc de ne pas faire cas de mes intuitions.

L'heure est venue de prendre mes fonctions dans les divers magasins. Cela me plaît beaucoup, le rythme trépidant et la nouveauté insufflent un peu d'air frais dans mon quotidien. Mon contrat prévoit que je me déplace 15 jours maximum par mois. Lorsque je suis absente, je téléphone régulièrement au magasin (puisque je dois justifier les résultats à la direction) et je suppose que l'entente y est cordiale. Je reçois parfois des petits mots, comme celui-ci, qui me parvient pendant un arrêt de travail : « Karine, ci-joint la note 22 et quelques documents relatifs aux élections. On a reçu ce matin la photocopie de ton arrêt de travail. Tout va bien. Repose-toi bien et à bientôt. On t'embrasse toutes, Rosalie. »

Eh oui, même au cours de mon arrêt de travail je me tiens au courant des informations internes de l'entreprise ! Ce petit mot plein de sympathie me touche ; car elle me manque, mon équipe ! Il faut dire que ces témoignages d'affection sont monnaie courante entre mes collègues et moi. Ainsi un peu plus tôt, le 24 mai 2000, alors que je suis en déplacement à Menton, je reçois ce fax : « Bonjour à tous, pour Karine, qui je l'espère nous rapportera un peu de soleil et de chaleur de là-bas, merci. Jennyfer. » Voilà qui fait chaud au cœur ! Je me dis que j'ai peut-être été dure avec Jennyfer, d'ailleurs ma petite voix s'est tue, il semblerait que je me sois encore inquiétée pour rien.

Premier coup dur

Au fil du temps, je commence à m'intéresser à la vie syndicale de l'entreprise. Je lis dans la note interne, ou sur des fax qui nous sont envoyés, des informations concernant les problèmes détectés dans notre société. Ces notes proviennent essentiellement de la CFDT. J'en parle à mon père, autrefois délégué du personnel Force ouvrière (syndicat qui n'existe pas chez *Livres en délire*) dans son entreprise. Je remarque que Samantha Binau, la femme qui a parlé lors de la réunion parisienne, est passée de candidate sans étiquette à représentante de la CFDT. Ernest Lenclume se serait vanté de l'avoir recrutée pour que ce syndicat soit présent dans la société. Comme je l'avais pressenti, elle est donc bien à leur botte. Quant aux représentants CGT, je ne les connais pas hormis cette Leila Tarek que je n'ai pas pu rencontrer à la réunion.

Comme aucun des deux représentants syndicaux présents dans ma société ne me convient et parce que je souhaite pouvoir obtenir des informations directement à toutes mes interrogations, en mai 2000, j'adresse une demande à l'union locale de FO de ma ville pour une éventuelle désignation en qualité de déléguée syndicale dans mon entreprise. Je connais bien les valeurs de ce syndicat et elles me conviennent. Le 6 mai, le secrétaire envoie cette demande à la Fédération des employés et aux cadres FO à Paris.

Le 19 mai, je me présente au second tour des élections, sans étiquette car je n'ai pas encore reçu ma désignation. De toute façon, ayant raté le premier tour, je ne peux pas présenter de liste. En parallèle, je poursuis mes missions dans les différents magasins avec une grande implication, ravie de voir que rien de particulier ne m'est reproché, au contraire.

Dans le même temps, je suis mandatée pour aller travailler dans le magasin de Draguignan. J'accomplis ma mission avec tout le sérieux dont je suis capable. Cependant, la direction n'a pas l'air satisfaite et le 30 mai 2000, les responsables du Sud-Est reçoivent une convocation individuelle pour un entretien à Draguignan avec la direction. Cette procédure est normale, pourtant, mes collègues responsables et moi-même appréhendons ce rendez-vous… À juste titre.

Le jour venu, durant la première demi-heure, Baptiste Crampon et Ernest Lenclume émettent de brutales critiques sur le travail effectué à Draguignan et exigent des changements immédiats. Ils nous décrivent avec enthousiasme les dernières « restructurations », à savoir les évictions, dont celle très inattendue de Thierry Bibard, mon responsable régional. Mon équipe ainsi que mes collègues responsables sont très surpris. De mon côté je suis choquée, mais sur le coup, je me contiens, attendant la suite avec une appréhension certaine.

Baptiste Crampon nous annonce qu'Ernest Lenclume va occuper les fonctions de régional du secteur Est, et nous assure que ce dernier s'occupera *bien* de nous. Pour ma part, je n'apprécie pas la nomination d'Ernest Lenclume, qui me fait toujours aussi froid dans le dos. Chaque responsable est ensuite reçu individuellement par Baptiste Crampon et Ernest Lenclume pour « faire un point » sur les éventuels dysfonctionnements, et sur nos souhaits pour l'avenir… J'attends toute la journée dans le couloir avec mes collègues moins chanceuses, qui comme moi passent en dernier. Personne ne nous a indiqué d'ordre de passage, si bien que nous sommes coincées. À 17 heures enfin, et en bonne dernière, je suis appelée pour l'entretien individuel. Je suis épuisée et stressée par cette attente, d'autant que j'ai eu le loisir de voir la tête que faisaient mes collègues en sortant de la pièce… Six pieds de long, au bas mot ! Cela n'annonce rien de bon, la jovialité de la réunion parisienne est bien loin !

Durant l'entretien, Baptiste Crampon ne me fait aucun reproche, il m'annonce seulement que ma fonction de copilote produits est en stand-by jusqu'à nouvel ordre. En effet, Ernest Lenclume doit réaliser un audit sur l'ensemble du secteur pour connaître les compétences des salariés. Pourtant Nadine Prichez, le chasseur de têtes, l'a déjà réalisé en mars, c'est à n'y rien comprendre ! J'imagine que je dois juste faire preuve de patience… Ensuite, Baptiste Crampon me demande de me laisser aller à des confidences, de « me lâcher », car après tout « on est entre nous ». Visiblement, ce que je pense de Thierry Bibard, mon ancien régional, l'intéresse au plus haut point. Mais je ne trouve rien à redire le concernant et, encore secouée par l'annonce de son éviction, je choisis la prudence. Face à mon silence, le directeur commercial change de sujet et me questionne sur l'intégration de Jennyfer, en ajoutant au préalable : « Si Jennyfer n'est pas bonne, on la giclera. » Sa phrase me glace les sangs, ouh ! Rien que ça ? Je m'empresse de dire que tout va bien, et que je n'ai rien à signaler de particulier concernant ma coresponsable. Je n'ai qu'une hâte : sortir d'ici. L'entretien prend fin au bout de dix petites minutes, alors qu'il me semble avoir duré une éternité.

Après ce joyeux épisode, je repars travailler dans le magasin de Draguignan. Mais très vite, je commence à craquer. Cet entretien avec la direction m'a bouleversée, je me sens insécurisée par ce climat si peu humain et au fil des jours, une sévère déprime s'insinue en moi. Au bout du compte, mon médecin traitant décide de me mettre en arrêt de travail pour dépression.

Je reste quelque temps chez moi, perdue, ne sachant pas quoi faire. J'aime plus que tout mon métier et il ne me viendrait pas à l'idée de démissionner des fonctions que je me suis donné tant de mal à obtenir et à assumer. Pour autant, la boule qui me serre l'estomac ne semble pas vouloir s'en aller. Autant Jérôme Robert était spécial, autant il ne m'a jamais paru aussi malsain qu'Ernest Lenclume, qui est désormais mon nouveau responsable. Que signifient ces critiques, ces remaniements à tout-va ? Je n'ai jamais aimé les commérages, pas plus que déverser du fiel pour le plaisir. Pourtant c'est bien cela que ma direction m'a demandé de faire en entretien. Et cela ne me plaît pas, mais alors pas du tout.

Quand tout dégringole...

À mon retour, il ne faut pas me prendre avec des pincettes : ma confiance a été fragilisée par ces derniers événements. Ernest Lenclume vient me parler et reconnaît la brutalité de Baptiste Crampon. Il explique que de son côté, il n'a aucune responsabilité dans ce changement d'attitude et qu'il reste méfiant envers la direction, se sentant lui aussi sur « un siège éjectable ». Quel comédien ! Le sachant très ami avec Baptiste Crampon, je ne crois pas un seul de ses propos, persuadée qu'il use d'une nouvelle stratégie pour me faire parler. Malheureusement, je suis obligée de supporter cette mascarade si je veux garder mon emploi, alors je mets ma rage sous couvercle et je continue.

Je suis étonnée de ne recevoir ni écrits, ni avenant modifiant mon contrat de travail et suspendant officiellement mon statut de copilote produits. C'est d'autant plus ahurissant que je continue à toucher la prime liée à mon statut obsolète... Ma foi, je ne vais pas m'en plaindre !

Ainsi, malgré cette triste épopée, je poursuis mon travail, en veillant à ne commettre aucune erreur. Je continue à former Jennyfer et à la soutenir, ainsi que mon équipe, assez déstabilisée par la façon dont s'est comportée la société envers mon régional et moi-même.

Ernest Lenclume commence ses « visites » dans mon magasin en juin 2000, arguant qu'il a à cœur de vérifier le bon déroulement du travail. Je ne vois pas cela d'un bon œil, mais que faire ? À chaque fois, il me fait remarquer que mon magasin est en sureffectif. Et à chaque fois je lui réponds que ce n'est pas dû à une erreur de ma part mais à leur « restructuration ». Et toc ! Ernest Lenclume reconnaît que je n'y suis pour rien, pourtant il pointe le même dysfonctionnement sans cesse, sans changer quoi que ce soit pour autant. L'atmosphère de l'équipe s'en ressent rapidement. Mes collègues se sentent menacées, sur la sellette… Qui sera la prochaine à prendre la porte ? De mon côté je suis furieuse, je ne comprends pas la politique de la direction. C'est à croire qu'elle applique le bon vieux « diviser pour mieux régner ». Plus les jours passent, moins l'air de *Livres en délire* est respirable.

Ernest Lenclume me demande souvent si Jennyfer est compétente et me rappelle à plusieurs reprises ce que Baptiste Crampon a dit à son sujet lors de l'entretien individuel : « Si elle n'est pas bonne, on la gicle. » Je n'apprécie pas ce genre de discours méprisant, ce qu'Ernest Lenclume semble parfaitement savoir. Je dois bien me résoudre à cette déprimante réalité : il joue avec mes nerfs. Dans quel but ?

Quant à Jennyfer, elle est gênée à l'idée que Mélanie ne puisse pas avoir le temps complet qu'elle espérait en tant que vendeuse, si elle n'était pas venue ici. Et les fréquentes visites d'Ernest Lenclume n'arrangent en rien le moral des troupes. À chaque fois qu'il franchit la porte du magasin, l'ambiance devient lourde de sous-entendus.

Le jour où il me demande d'établir des plannings prévisionnels pour les remplacements des congés d'été de l'équipe, il me dit de ne pas tenir compte de la présence de Jennyfer et de réaliser les emplois du temps sur l'effectif de base, soit moi, Mélanie et Rosalie. Je ne comprends pas sa demande, Ernest Lenclume me répond qu'il a l'intention de proposer une mutation à ma coresponsable, pourtant fraîchement arrivée. Je lui faxe donc ces plannings le 23 juin 2000, sans compter Jennyfer dans l'effectif.

Durant la première quinzaine de juillet, je pars en congés. À mon retour, j'apprends qu'Ernest Lenclume en a profité pour venir régulièrement au magasin. Je repense non sans amertume à ces reportages animaliers qui décrivent le comportement des hyènes. Ces dernières rôdent autour de leur proie et quand elles s'estiment hors de danger, lorsque tout prédateur potentiel est parti, elles se jettent sur la carcasse sans vie pour se régaler des restes de la pauvre bête morte. Plus que jamais, pour moi, c'est tout vu : Ernest Lenclume a tout d'une hyène, y compris son rire si particulier…

Mi-juillet 2000, un courrier du directeur général arrive au magasin. Rien que ça ! Il ne s'agit pas de la prose du service du personnel, comme le voudrait la logique, mais d'un billet rédigé par le grand ponte lui-même. Je suis vernie ! Le DG me rappelle que les contrats de travail doivent être établis en deux originaux, et qu'une copie de l'original doit être renvoyée à la direction. Quant à l'autre original, je suis chargée de le donner à

© Groupe Eyrolles

la salariée et de ranger la copie dans le registre du personnel. Oui merci, et donc ? Le courriel spécifie que j'ai omis de remettre l'original de son contrat à Rosalie. Tiens, chercherait-il à m'imputer une faute ?

Il peut toujours essayer. Je ne suis pas négligente et, ni une ni deux, je lui adresse ma réponse en lui confirmant avoir bien remis l'original à Rosalie et renvoyé l'autre original au service du personnel. Quant à Rosalie, elle contresigne la lettre afin de confirmer mes dires. Bien entendu, il m'arrive de commettre des erreurs, mais quand ce n'est pas le cas je ne vois pas pourquoi je les reconnaîtrais, d'autant que tout cela s'est fait dans mon dos, pendant mes congés. C'est donc bien cela, on commence à me chercher des poux dans la tête ! Le siège attend que je sois absente du magasin pour mettre la pression à mes collègues et leur faire croire, mine de rien, que je suis en cause. Je n'aime pas cela, mais alors pas du tout. Je me dis que la vigilance est de mise et me promets de recadrer le moindre dérapage dans les plus brefs délais.

Cinq jours plus tard, ce courriel est suivi d'un second qui me prie (outrancièrement !) de leur renvoyer l'original de l'avenant de Rosalie, pour les modifications effectuées sur son contrat, en juin. Rebelote, je réponds aussitôt que pour ladite période Rosalie n'a pas modifié ses horaires, car justement nous n'avons pas reçu les avenants demandés. J'ajoute : « Il semble que le service du personnel ait omis de vous communiquer cette information, ce qui vous a induit en erreur. Espérant que ces différents malentendus (réclamations du 20 juillet et du 25 juillet) n'altéreront pas votre confiance en moi et en mes compétences. »

Bon d'accord, j'y suis peut-être allée un peu fort ! Mais cette sensation que l'on cherche à me prendre en faute m'est intolérable.

Fin juillet, Jennyfer envoie à Ernest Lenclume toutes les anomalies qu'elle a relevées sur ses bulletins de salaire. Et elles sont nombreuses : prime non versée en mai et juin, statut de vendeuse au lieu de coresponsable, note de niveau 3 échelon 1 (celui de vendeuse) au lieu de niveau 2 coefficient 150.

Huit jours plus tard, j'adresse un fax à Ernest Lenclume dans lequel je m'étonne des deux derniers courriers que le directeur m'a envoyés concernant les avenants. Je dis clairement que je suis surprise et que je m'interroge sur les différentes réclamations qui sous-entendent que je ne serais peut-être pas à même de mener mon travail administratif, aspect que j'ai toujours parfaitement géré. Je précise que j'espère qu'il ne s'agit là que d'une série de regrettables malentendus, ou de simples problèmes de communication avec le service du personnel, sans quoi je pourrais douter de la confiance de la direction à mon égard.

Après cela, ils risquent d'être agacés. De toute façon ils l'étaient déjà, je ne vais quand même pas leur faire le plaisir de m'écraser. Quoi ? Elle ne se laisse pas faire la Niçoise ? Eh bien non, la réponse est non !

Rosalie semble souffrir particulièrement de cette atmosphère nauséabonde. Elle m'informe de sa décision de démissionner avant la fin de l'année, préférant trouver un temps complet ailleurs. Connaissant sa situation personnelle difficile, je comprends parfaitement sa décision. Mais Rosalie accélère son départ, toute cette pression sur l'équipe lui est insupportable. Compréhensive, je l'aide à rédiger sa lettre de démission, qu'elle envoie le 24 juillet, avec un départ effectif deux mois plus tard.

De son côté, Ernest Lenclume contacte sans arrêt Jennyfer pour lui parler de sa mutation. Alors qu'elle est en congés, il lui demande de venir à Toulon et lui propose, lors d'un entretien, la responsabilité du magasin. Jennyfer se voit contrainte, ensuite, de rentrer chez elle par ses propres moyens et à ses frais. Jennyfer ayant refusé le poste proposé à Toulon, Ernest Lenclume lui propose alors le poste de vendeuse à Marseille. Jennyfer refuse également, ce que je ne comprends que trop bien : vendeuse à temps partiel, coresponsable de magasin puis… vendeuse ? Pourquoi accepterait-elle d'être rétrogradée sans raison ? Par la suite, Ernest Lenclume propose à Jennyfer d'être mutée à Reims. Là encore, je ne comprends pas. Le sureffectif n'étant plus de mise, Jennyfer pourrait logiquement rester. À quoi joue donc la direction ?

Jennyfer, ballottée et pressurée, décide de démissionner et m'en fait part. Avant d'envoyer sa lettre de démission, effective à compter du 2 août, elle rédige un rapport sur les pressions subies ces derniers mois et m'en remet une copie. Le rapport est éloquent et la liste des incohérences, impressionnante. Atterrée, je soutiens Jennyfer autant que possible et je me fais plus que jamais la promesse de ne rien laisser passer. La direction nous mène en bateau, nous allons résister !

Le 1er août 2000, j'adresse un fax au service du personnel, lui précisant que ma prime de copilote produits n'étant pas une prime d'objectif comme indiqué sur mon bulletin de paie, il se doit de rectifier le code. Le service du personnel règle la question d'une étrange manière : ils oublient carrément de me payer mon dû ! Décidée à ne rien lâcher, je relance à plusieurs reprises, après tout je n'y suis pour rien si ma fonction est en « stand-by ». Je n'ai jamais reçu de courrier officialisant cette situation. Contractuellement je suis toujours copilote produits, par conséquent je bénéficie d'un « trop gros » salaire pour eux ? Je leur coûte trop cher ? Encore un élément à charge contre moi !

Le 2 août 2000, Ernest Lenclume vient dans mon magasin, accompagné de Nicolas Poupin qui a été nommé pour le seconder dans sa tâche. La veille, il a été informé de la démission de Jennyfer par téléphone. Le lendemain, il rapplique. Je ne connais pas le motif officiel de cette visite, cela n'empêche pas Ernest Lenclume, dès son arrivée, de convoquer Jennyfer et Rosalie dans la réserve du magasin et de les garder en entretien toute la journée. Pour le coup, je sens le magasin plutôt en sous-effectif ! Nicolas Poupin prend le relais en toute fin d'après-midi, me laissant ainsi respirer un peu. En effet, il ne m'a pas lâchée de la journée, et son attitude ambiguë m'a mise bien mal à l'aise. Je me demande pourquoi mes collègues sont retenues dans la réserve, et pourquoi je suis écartée de cette façon… Vers 19 heures, je vois Jennyfer et Rosalie partir, sans même m'adresser un regard. Je me concentre sur ma caisse du soir et prépare le dépôt en banque du lendemain, l'esprit ailleurs.

Deux jours après, Jennyfer se met officiellement en arrêt maladie. Je ne l'ai pas revue depuis le long entretien avec

Ernest Lenclume, puisqu'elle n'est pas revenue après son jour de congé. Rapidement, Rosalie fait de même. Je ne sais pas ce qu'Ernest Lenclume a dit ce jour-là, durant les 12 heures passées en tête à tête avec mes collègues, mais il a réussi son coup. J'ai la désagréable sensation que mes collègues et amies sont en train de me tourner définitivement le dos. Sur le conseil du secrétaire de l'union locale FO, que j'ai tenu au courant de la situation, j'appelle Rosalie pour savoir comment elle se porte. Mon impression se confirme : elle ne souhaite pas me parler. Je ne comprends pas son attitude, qui me chagrine profondément. Mais je n'ai pas le temps de m'attarder sur mes émotions, j'ai un magasin à faire tourner.

Bras de fer

Le 6 août 2000, j'envoie un fax à Ernest Lenclume. J'ai la certitude que les coups viennent de lui, et je le soupçonne de vouloir me briser parce que j'ai été formée par l'ancien régional, Thierry Bibard, qui lui aussi leur tient tête. Je suis une brebis galeuse dans le troupeau ? Eh bien tant pis, je vais lui donner du fil à retordre !

Dans mon fax, je liste les récentes anomalies : la démission subite de mes deux employées, à la suite d'un long entretien « secret », le fait que j'aie dû batailler pour faire venir une remplaçante un samedi, mais que l'on me propose si facilement de m'envoyer quelqu'un en renfort d'équipe pendant mon jour de congé (le lundi)… Étant donné les circonstances et le climat ambiant, j'informe Ernest Lenclume que je ne prendrai pas mon lundi de congé, et que je suis inquiète de ce flou au sujet de l'avenir de l'équipe. Je lui rappelle que des intérimaires inconnus et non formés ne sont pas souhaitables pour le bon fonctionnement du magasin et je conclus ma missive en soulignant son attitude indigne, lors de son dernier coup de téléphone, au cours duquel il m'a menacée de me retirer sa confiance (rien que ça !)

Le 7 août, n'ayant toujours pas de réponse à mes demandes, je renvoie un énième fax, afin de lui rappeler que je travaille seule avec ma collègue sur 30 heures hebdomadaires la semaine suivante, ce qui est insuffisant pour couvrir l'amplitude horaire d'ouverture du magasin. Cette fois, mon fax livre ce message :

« En réponse à votre courrier du 7/08/00 je vous prie de croire à mon étonnement. Vous affirmez ne pas avoir eu de directive de ma part suite à l'absence pour maladie de 2 personnes de votre effectif. Je vous rappelle que ces 2 absences ont été portées à ma connaissance le jeudi 3/08/00 pour Rosalie et le vendredi 4/08/00 pour Jennyfer. J'ai demandé à Nicolas Poupin, mon point d'appui sur la région, de contacter la personne qui a rejoint votre magasin le samedi matin et ce jusqu'à 15 heures.

Ensuite, je vous ai contactée lundi 7/08/00 vers 14 heures pour vous demander de prendre contact avec (une agence d'intérim) et pour augmenter l'amplitude horaire de votre vendeuse Mélanie de 30 heures à 39 heures.

Je vous remercie du professionnalisme dont vous avez fait preuve en assurant l'ouverture du lundi, ce qui de par vos fonctions de responsable de magasin me paraît normal. Il est d'ailleurs prévu à l'article 4 de votre contrat de travail une clause indiquant que vos heures de présence ne peuvent être fixées de façon rigide et que le salaire qui vous est alloué tient compte de ces contraintes.

Je tiens cependant à vous rappeler que nous en avons parlé le samedi matin et que vous m'avez proposé cette alternative.

Il est évident que cette situation évoluera et passera par le recrutement d'un nouvel élément, dans cette attente, la gestion de votre effectif passe par l'agence d'intérim Azoa. Toutefois, une interrogation se pose : deux démissions en moins de 8 jours doublées d'arrêts de maladie seraient peut-être révélatrices d'un problème de management.

Je tiens à vous rappeler que vos fonctions ne vous permettent pas de mettre en doute mes compétences. Celles-ci sont reconnues par la direction générale et la direction commerciale. En douter, serait remettre en cause une décision de celles-ci. Je ne manquerais pas d'en faire part à Monsieur Louvier et à Monsieur Crampon.

Dans l'attente de stabiliser la situation de votre magasin, veuillez agréer mes sincères salutations. »

À la fin de ma lecture, je suis tout bonnement sidérée. Eh bien, c'est ce qui s'appelle recadrer les troupes ! Je note qu'Ernest Lenclume n'a pas relevé mon passage concernant sa conversation au cours de laquelle il me retire « sa confiance ». Pourtant, il ose bien avancer l'hypothèse que je suis responsable des démissions de Rosalie et Jennyfer ?! La guerre est déclarée, je ne suis donc pas en train de cauchemarder.

Le lendemain, Ernest Lenclume me téléphone. Je remarque son ton très agressif lorsqu'il me balance (littéralement) l'information suivante : je suis convoquée par la direction à Marseille le vendredi 11 août. Bon, très bien.

Les jours qui suivent, notre ping-pong par fax continue. Je ne peux vraisemblablement pas ignorer son dernier message, je mets les points sur les « i » :

« Faisant suite à votre réponse du 7/08/00, je suis dans l'obligation de contester plusieurs de vos affirmations.

Les arrêts maladie de Rosalie et de Jennyfer vous ont été communiqués dès que j'en ai eu connaissance. À chaque fois, vous m'avez répondu "Bon, d'accord, merci".

Le vendredi 4/08 j'ai donc contacté monsieur Poupin pour l'informer de la situation. Un peu plus tard il m'a annoncé qu'une vendeuse de Menton serait sur place le lendemain jusqu'à 15 heures.

Je n'ai eu aucun contact avec vous ce jour-là, à ce sujet.

D'autre part, le samedi 5/08 matin nous n'avons jamais parlé ensemble de l'organisation de la semaine suivante.

Je n'ai jamais convenu quoi que ce soit avec vous concernant la journée du lundi 7/08.

Je vous rappelle que depuis que je suis dans la société j'ai toujours adapté mes horaires en fonction des besoins du magasin non parce que l'article 4 de mon travail m'y "oblige" mais simplement par conscience professionnelle.

Malgré la situation pénible, j'ai continué à assurer le bon fonctionnement du magasin, mais sans véritable assistance de votre part.

Je ne remets pas vos compétences en cause, seulement vos méthodes.

Vous m'avez contactée le lundi 7/08 à 14 h 25 pour me reprocher avec véhémence ma demande de directives. Étant donné qu'un dialogue verbal et rationnel était impossible, j'ai choisi cette solution pour tenter d'avoir des consignes.

Lorsque nous avons enfin parlé de la semaine à venir, je vous ai moi-même proposé de passer Mélanie de 30 heures à 39 heures dès cette semaine. Je vous ai signalé que je pouvais avoir quelqu'un de qualifié en intérim pour le lendemain à condition d'avoir votre accord ce qui a été fait.

Vous remettez en cause mon management et laissez entendre que je suis responsable des deux démissions, doublées de deux arrêts maladie.

Permettez-moi de vous rappeler que durant un an et demi je n'ai eu aucun problème avec mon équipe.

Je suis partie en congés la première quinzaine de juillet. Avant mon départ la situation morale de mon équipe était stable.

À mon retour de congés, ma coresponsable m'a signalé votre venue en mon absence.

Rosalie est venue m'informer de sa décision de démissionner, cependant elle m'a assuré qu'elle accomplirait son préavis jusqu'en septembre.

Le samedi 30/07 à 17 h 15 vous avez contacté Jennyfer par téléphone. De retour de week-end elle est venue m'informer de sa décision de démissionner.

Le mercredi 2/08 vous avez eu une série d'entretiens avec chaque membre de l'équipe. Moins de deux jours après Rosalie et Jennyfer se sont mises en arrêt maladie. Ces deux personnes n'accompliront finalement pas leur préavis.

Vous saviez que la situation était déjà difficile à gérer, malgré cela vous avez appelé le vendredi 4/08 à 14 h 25 pour me dire sur un ton sec n'admettant aucune discussion : "Karine, je t'appelle pour te dire qu'à partir de maintenant je ne t'accorde plus ma confiance !"

Malgré votre attitude agressive, votre manque de tact et la pression que vous faites peser sur mes épaules et ce sans raison puisque jusqu'à votre arrivée j'avais un magasin stable et une équipe soudée.

Malgré ces conditions de travail difficiles, j'ai continué à assurer la gestion du magasin et j'ai réussi à maintenir le chiffre d'affaires.

Personnellement ce que je souhaite, c'est de pouvoir travailler normalement, dans de bonnes conditions, afin de pouvoir assurer le bon fonctionnement du magasin et pouvoir reconstruire une équipe dans une atmosphère saine.

Dans cette attente, veuillez agréer mes sincères salutations. »

Après cet envoi, je ne vois rien venir. Ernest Lenclume ne prend pas la peine de me répondre… Il est sans doute à court d'arguments ! J'estime donc l'affaire classée.

Le 11 août, comme convenu, je me rends au magasin de Marseille, pour rencontrer Baptiste Crampon. Ce dernier me reçoit chaleureusement et m'adresse un sourire charmeur : « Ça va ? Vous êtes toujours tentée par la responsabilité de ce magasin ? » Je lui confirme avec enthousiasme que j'ai hâte de pouvoir prendre mon nouveau poste. Nice est ma ville, certes, pourtant je suis heureuse à l'idée d'intégrer Marseille, que l'on dit plus animée.

Baptiste Crampon hoche la tête, sans se départir de son sourire et me questionne à nouveau : « Vous avez des questions particulières, des inquiétudes par rapport à ce projet, à la société ? Vous n'avez pas de soucis avec quelqu'un, collègue ou direction ? » Je trouve ces questions un peu étranges, je me demande quel est le rapport entre ces interrogations et le motif de ma venue. Mais après tout, la perche est trop belle, je la saisis et lui livre mes suspicions quant aux pressions éventuelles d'Ernest Lenclume sur mon équipe, à Nice.

Baptiste Crampon semble m'écouter avec attention, ne me faisant ni reproche ni blâme à l'énoncé de mes suppositions, puis il me propose officiellement le poste de responsable du magasin de Marseille. La description est alléchante, et la direction prévoit de me transférer à terme dans un lieu plus grand, de 150 m². Bien que ravie, je demande un délai de réflexion de dix jours pour prendre ma décision. Baptiste Crampon accepte ma requête et me salue, ajoutant que nous nous reverrons très bientôt à Nice.

Dans le train qui me ramène chez moi, je rêve à ma nouvelle vie, je me sens bien et cela me change après ces derniers mois tendus. Mon compagnon me fait un signe de la main lorsque je sors de la gare, ma soirée va être douce je crois, je m'en réjouis !

Si seulement j'avais su…

Virée ?!

Après avoir réajusté mon corsage, je rejette en arrière une mèche rebelle et pousse un profond soupir pour me donner du courage. Mes mains tremblent. Dans quelques minutes, je connaîtrai la décision de la direction quant à ma candidature au poste de responsable du magasin de Marseille. En principe il n'y aura pas de problème, tout devrait bien se passer. Mon dernier entretien s'est parfaitement déroulé, si l'on exclut les questions étranges de Baptiste Crampon. J'éteins le voyant rouge qui clignote dans un coin de ma tête, il n'y a aucune raison qu'il s'allume, celui-là, ce doit être le stress qui me gagne ! En moi-même, je murmure : « Respire, Karine, respire ! »

Nous sommes le 25 août 2000.

Mélanie me souhaite bonne chance d'un ton enjoué. Je lui rends son sourire, incapable de prononcer le moindre mot, et je sors de la librairie d'un pas hésitant pour rejoindre la porte cochère du vieil immeuble attenant. Au bout du large couloir bordé de murs en marbre ancien, une porte battante aux vitres cassées délimite l'accès aux niveaux inférieurs. L'étroit escalier en colimaçon aux marches en bois élimées et glissantes m'indique le chemin de la réserve avec insistance. Mon destin va donc se sceller dans cet endroit sombre et, il faut bien le reconnaître, un peu glauque.

Je descends seule vers la réserve du magasin, située sous la librairie, puis je pose la main sur la porte en retenant mon souffle et j'entre. La pièce principale, sans fenêtres, est remplie de box chargés de livres. Après quelques pas, j'atterris dans la cuisinette, que j'ai aménagée quelque temps plus tôt. La fenêtre est ouverte, et je regarde machinalement la vie au-dehors. Je me décide à continuer. Je pousse une porte, traverse une minuscule pièce sombre (la lumière n'a jamais fonctionné) puis je passe entre les grands placards à gauche, et le petit lavabo à droite. Quatre pas me suffisent à franchir l'espace qui sépare la cuisine de mon ancien bureau. J'ouvre enfin une dernière porte…

Voilà, je suis dans ce qui est encore pour quelque temps mon bureau : une pièce assez spacieuse aux murs curieusement biseautés. Au centre de la pièce, il y a une grande table noire et un fauteuil. Et sur ce fauteuil, je vois Baptiste Crampon, confortablement installé et souriant. Face à moi, à la droite du « patron », Ernest Lenclume se tient debout, le visage fermé. Dans l'encadrement de la fenêtre à la gauche du directeur commercial, je vois Nicolas Poupin, mon responsable régional. Il ne se tourne pas vers moi à mon entrée, regardant fixement le mur de l'immeuble d'en face.

Baptiste Crampon m'invite à m'asseoir et je m'exécute en souriant, comme lui. Puis il prend la parole :

« – Karine, vous savez pourquoi nous sommes là. Pour parler du poste que je vous ai proposé à Marseille.

– Oui, dis-je d'une toute petite voix.

J'ai mal au ventre, ai-je fait le bon choix ? Serai-je à la hauteur de ce poste ? Je commence à douter. J'observe Ernest Lenclume et Nicolas Poupin, qui sont aussi immobiles que des statues.

Soudain, le ton employé par Baptiste Crampon change du tout au tout. Son regard bleu devient noir comme la nuit. D'une voix sévère, il éructe :

« – Eh bien, ça n'est plus d'actualité ! »

Pan, prends-toi ça dans la tête ma petite. Qu'est-ce qu'il lui arrive ? Qu'est-ce qui n'est plus d'actualité ? Le poste pour le magasin de Marseille ? Je ne comprends pas, je suis complètement déroutée.

Baptiste Crampon poursuit :

« – Nous avons des documents en notre possession qui jouent contre vous. »

Alliant le geste à la parole, il sort des feuilles dont je ne peux pas voir le contenu. Il commence à lire quelques extraits de textes que mes collègues Rosalie et Jennyfer ont rédigés. Je ne sais pas de quoi il parle car je n'entends plus rien, je suis prise dans un tourbillon irrépressible, j'ai la nausée. Cependant je perçois le propos global : selon la description de mes anciennes collègues, je suis une mégère tyrannique.

« – J'aurais pu gérer ces lettres, s'il n'y avait pas eu ce document », continue Baptiste Crampon en exhibant une feuille sous mon nez.

Je tends le cou pour m'enquérir dudit document et j'aperçois un dessin. Comme un dessin d'enfant, représentant maladroitement une princesse. Je me fais la réflexion qu'il ressemble à ceux que mes collègues et moi faisons parfois, sur l'ordinateur, pour nous amuser.

« – Ce sont bien vos collègues qui sont représentées sur ce dessin ? »

Je bredouille en guise de réponse, qu'il nous arrive en effet de nous dessiner les unes et les autres.

« – C'est un dessin pervers », assène Baptiste Crampon, avant même que j'aie pu finir ma phrase.

Mais il n'est pas bien, lui ! Il n'a jamais gribouillé des dessins moches qui n'avaient pas de sens sur son bloc-notes ? Je ne réponds rien tant je suis abasourdie.

Mais Baptiste Crampon n'en a pas fini avec moi, et il agite une autre feuille sous mon nez. Nicolas Poupin reste de marbre, tandis qu'Ernest Lenclume esquisse un très léger sourire sadique, me fixant de son regard glacial. Je ne m'étais pas trompée sur son compte, lors de la réunion parisienne. À le voir, à ce moment-là, je jurerais qu'il jubile. Le papier que me tend Baptiste Crampon est dans un sale état : déchiré, scotché, et à peine lisible.

« – Je n'aurais jamais tenu compte des courriers de vos collègues s'il n'y avait eu ceci. Vous avez dénigré la société, vous avez tenu des propos inadmissibles. »

Parcourant le papier un bref instant, il lit à voix haute : « Nicolas est reparti la queue entre les jambes. » Et me jette un de ses regards assassins avant de déclarer : « Nous ne voulons plus travailler avec vous. »

Les enfoirés ! Alors là, je suis sciée.

Je réussis malgré tout à dire :

« – Comment avez-vous eu ça ? C'était dans mon sac à main, vous me l'avez volé ? Je vais porter plainte. Nicolas sait très bien ce à quoi je fais allusion dans ce papier, il est venu ce jour-là dans le magasin et m'en a mis plein la tête. Je l'ai remis en place en lui démontrant que je connaissais mon métier, contrairement à lui qui tout bon commercial qu'il est, ne connaissait rien au domaine du livre à l'époque, vu qu'il venait de prendre ses fonctions. Et l'expression que j'ai employée dans ce courrier privé que vous m'avez dérobé par l'entremise de je ne sais qui, est tout à fait connue et utilisée dans la langue française. »

Personne ne relève un mot de ma tirade coléreuse, le silence se fait. De mon côté je suis effondrée sur ma chaise. Je me sens furieuse, mais aussi vide, trahie, et terriblement seule. J'ai envie de pleurer, de sortir d'ici. Nicolas Poupin ne me regarde toujours pas. Ce que j'ai écrit sur lui ne lui a pas plu, je le comprends parfaitement. Pourtant ce jour-là, il a vraiment essayé de me faire passer pour une minable. Il venait de prendre ses fonctions, il devait s'imposer coûte que coûte, mais avec moi il était tombé sur un os. Je me souviens du jour où Ernest Lenclume m'avait dit : « Je parlais de toi à Baptiste l'autre jour, et je lui ai dit que je n'arrivais pas à te cerner ! » C'est donc cela le problème, ils n'ont pas de prise sur moi et tout ce temps ils ont cherché des moyens de me faire plier ?

Durant les longues secondes de silence qui suivent ma réponse, Baptiste Crampon semble hésiter. Il regarde Ernest

Lenclume, puis rapidement, fait disparaître le fameux courrier qui n'aurait jamais dû leur parvenir. Je me souviens l'avoir écrit rapidement après le passage de Nicolas Poupin, j'étais sérieusement agacée. Comme à mon habitude, j'avais couché sur papier ces quelques lignes où je racontais rapidement la visite de mon responsable régional et comment je l'avais envoyé sur les roses. Ce message était adressé à Thierry Bibard, mon ancien régional, avec qui j'étais restée en contact. Il était responsable de magasin tout comme moi à présent, ayant réussi à éviter la porte. J'avais montré ce mot à Rosalie et Mélanie, qui avaient bien ri en le lisant. Puis j'étais retournée dans la réserve et au lieu de le faxer comme cela avait été ma première intention, je l'avais déchiré en quatre morceaux et l'avais enfoui au fond de mon sac. Par la suite, je n'y avais plus pensé. Maintenant, je sais que d'autres personnes ne l'avaient pas oublié et avaient fouillé dans mes affaires pour me le voler. Ce ne peut pas être Mélanie, qui est restée à mes côtés et vient de me souhaiter bonne chance. En revanche, Rosalie et Jennyfer ont quitté le navire… Pour quelles raisons exactement ? Après avoir dit quoi, à mon sujet ? Je suis sidérée.

Visiblement, Baptiste Crampon vient de comprendre qu'il lui sera difficile d'utiliser ce mot obtenu illégalement.

J'ai donc gagné une manche… Mais pour le reste ? Qu'est-ce que mes collègues ont raconté, pourquoi m'accusent-elles, et de quoi au juste ? Pourquoi sont-ils tous ici avec des mines sinistres ? Je suis une personne très sensible, hypersensible même, émotive. Je suis capable de défendre bec et ongles une cause juste, je hais le mensonge et l'injustice, mais si l'on me fait du mal ou que l'on s'en prend à quelqu'un que j'aime, j'en souffre. Et là, on vient de me mettre à terre. Je me sens trahie par Rosalie et Jennyfer, cette situation est intolérable. Je me sens de plus en plus mal, je commence à trembler.

Baptiste Crampon reprend alors la parole, plus sûr de lui que jamais.

« – Nous n'avons pas d'autre choix que de vous mettre à pied avec effet immédiat. Demain vous deviez partir en vacances, allez-y tranquillement, mais il sera inutile de revenir dans 15 jours, comme cela était prévu au départ. Vous êtes suspendue, mais ne vous inquiétez pas, nous maintenons votre salaire dans son intégralité. Nous vous informerons de la suite, vous serez convoquée à un entretien préalable au licenciement. »

Pour moi, c'est la douche froide. Comment puis-je passer en quelques minutes d'une promotion à un licenciement ?

Baptiste Crampon poursuit :

« – Bon allez, on va faire ça entre nous, il n'y aura pas de suite, signez », m'ordonne-t-il en me tendant une feuille qui officialise ma mise à pied. Je les regarde tour à tour, et pour la première fois depuis le début de l'entretien, Nicolas Poupin me dévisage. Il affiche un regard triste, déçu. Ernest Lenclume lui, semble exulter.

Je me ressaisis, un filet de voix sort de ma gorge :

« – Attendez, je ne signe pas ça, je ne comprends rien. »

Je parcours le document des yeux, les mains tremblantes.

Paris, le 24 août 2000

Mademoiselle,

Comme suite à nos divers échanges, nous vous confirmons qu'à compter du 4 septembre 2000 date de votre retour de vos congés payés, nous vous dispensons de vous présenter sur votre poste de travail. Vous serez néanmoins intégralement rémunérée.

Nous vous tiendrons informée du déroulement de la procédure et vous demandons de bien vouloir nous préciser toute modification de votre adresse.

Signé par le Directeur commercial Baptiste Crampon.

Et en bas du document était mentionné :

« Remise en mains propres :

Reçue en mains propres :

J'ai à peine fini de lire que Baptiste Crampon me met son stylo dans la main en répétant :

« – Signez ! De toute façon vous n'avez pas le choix. Si vous ne signez pas maintenant, vous le recevrez par courrier recommandé, le résultat sera le même ! Je ne vous raconte pas dans quel état sont les représentants du personnel, à Paris. Ils sont en colère et ne veulent pas en rester là. Personne ne vous soutient. Vous êtes seule. Alors signez ! »

Ernest Lenclume esquisse un mouvement. Le sol semble se dérober sous mes pieds. Je viens de réaliser que je suis seule avec eux et je connais la réputation d'Ernest Lenclume, ce n'est pas un tendre. Si je ne signe pas, que vont-ils me faire ? Je me résigne donc, la mort dans l'âme, à appliquer ma signature. Puis je me lève, chancelante, et commence à me diriger vers la porte.

Avant de quitter la pièce, je me retourne :

« – Je suppose que vous n'avez rien d'autre à me dire ? »

Pour toute réponse, je récolte un silence et des sourires entendus.

Je remonte prestement au magasin, les larmes aux yeux, plus seule que jamais. Puis je traverse la boutique et annonce à Mélanie ce que j'accepte à présent comme une évidence : « Je suis virée ! »

Mais comment en suis-je arrivée là ?

Un heureux revirement

À l'annonce de cette nouvelle, Mélanie me regarde sans comprendre : « C'est une plaisanterie ? »

Voyant mes larmes couler, elle blêmit et se laisse tomber sur le sol froid de la réserve du magasin. Elle paraît atterrée et ajoute : « Mais que s'est-il passé ? Ce n'est pas possible. »

À peine ai-je le temps de lui raconter ce que l'on me reproche, que Baptiste Crampon et ses acolytes entrent dans la librairie.

Ils se postent à quelques mètres de nous, et nous observent de façon très solennelle. Ils me font penser à des bourreaux qui attendent que leur victime monte sur l'échafaud. Au bout de quelques minutes, l'agacement apparaît sur leur visage. Il est clair qu'ils ne supportent pas d'attendre. Baptiste Crampon fait alors signe à Mélanie de venir vers lui et d'une voix haute et intelligible, lui dit : « Je suppose que vous êtes au courant ? »

Mélanie hoche la tête.

« – Parfait ! Je vais vous demander de bien vouloir me suivre pour que nous ayons un petit entretien. »

Mélanie me fait l'effet d'une condamnée à mort. Elle doit se demander ce qui l'attend en bas. Pendant l'entretien de ma collègue, je reste dans le magasin, complètement abasourdie, sous la haute surveillance de Nicolas Poupin. Il semble mal à l'aise de se trouver à proximité de moi. D'ailleurs, au cours des longues minutes que nous passons ensemble, il ne parle quasiment pas, moi non plus je suis trop sonnée.

Heureusement, Mélanie revient assez vite et informe le responsable régional que Baptiste Crampon et Ernest Lenclume l'attendent. Mélanie et moi restons seules peu de temps, mais suffisamment pour qu'elle me dise que les grands pontes ont cherché à la faire parler. Comme elle a refusé de dire des calomnies à mon sujet, ils n'ont pas eu d'autre choix que de la faire remonter dans le magasin. Elle m'apprend aussi que Baptiste Crampon et Ernest Lenclume ont officiellement annoncé que je ne faisais plus partie de l'équipe et qu'à cet effet, ils ont refait les plannings.

À peine a-t-elle achevé sa phrase que les deux compères de la direction reviennent vers nous. Sans ménagements, ils expliquent à Mélanie qu'elle sera assistée dans sa mission de remplacement par Nicolas Poupin, alors que je me tiens à quelques centimètres d'elle. Je suis désemparée, je me sens réduit à l'état de plante verte qu'on aurait posée là pour améliorer le décor. Quant à Mélanie, elle semble très gênée. À chaque fois qu'elle tourne la tête dans ma direction, Baptiste Crampon la force à regarder de l'autre côté, d'une façon ou d'une autre.

Une fois les nouvelles consignes passées, Mélanie et moi reprenons le travail. Je pourrais rentrer chez moi, c'est sans doute ce que mes dirigeants attendent, mais je tiens à aller jusqu'au bout de cette journée, aussi néfaste soit-elle. Je me mets en mode pilote automatique, essayant d'ignorer la surveillance d'Ernest Lenclume, qui fait tout pour m'empêcher d'approcher Mélanie. Ce n'est pas à moi de fermer le magasin aujourd'hui et l'heure de partir réellement arrive… trop tôt. Les cerbères étant toujours là, je me contente de faire un vague signe à ma collègue et je monte dans ma voiture, dans un état second. Plus que jamais j'ai besoin de soutien. Je décide de rouler jusque chez ma sœur, et lorsque j'arrive devant elle, les larmes contenues jusque-là se mettent à rouler sur mes joues. Voilà, je peux enfin me laisser aller.

Après avoir vu ma sœur, je décide de rentrer chez moi et de tout dire à mon compagnon. Je pleure dans ses bras tout en lui expliquant la situation, et de son côté, il se met sérieusement en colère. Ernest Lenclume et Baptiste Crampon auraient sûrement passé un très mauvais quart d'heure s'il les avait eus en face de lui ! Malgré le réconfort que mon compagnon me procure, je suis totalement effondrée. Mes congés d'été commencent bien ! J'aurais rêvé mieux comme vacances… Virée, je n'en reviens pas. Officiellement, il ne s'agit que d'une mise à pied qui sera forcément suivie d'un entretien préalable au licenciement. Officieusement, pourtant, Baptiste Crampon m'a signifié mon renvoi.

En principe, tout cela n'est pas légal. Un employeur n'a pas le droit de dire ouvertement à un salarié qu'il est renvoyé avant de l'avoir reçu en entretien, ni sans avoir attendu un délai de quelques jours avant de se prononcer. En effet, l'employeur doit obligatoirement notifier au salarié son licenciement par lettre recommandée avec accusé de réception en respectant un délai d'expédition (article L.122-14-1 du code du travail). La lettre de licenciement ne peut être expédiée moins de deux jours ouvrables après la date à laquelle le salarié a été convoqué à l'entretien préalable (art. L.122-14-1 du code du travail).

Mais à ce moment-là je l'ignore, je ne suis pas encore au courant de l'ensemble de mes droits et surtout, je suis sous l'eau. Je passe mes journées à pleurer, je suis sous le choc, comme clouée au sol. Heureusement mon compagnon, ma famille et mes vrais amis sont sur le pied de guerre. Ils me soutiennent tant qu'ils peuvent, quitte à y aller parfois un peu fort : « Allez Karine, remue-toi. Ce n'est pas en restant assise là que ton sort va s'améliorer ! Leurs méthodes sont dégueulasses, il doit bien y avoir un recours juridique, ne te laisse pas faire ! » Malgré la grande claque que je viens de prendre, la passion dans les mots de mes proches et leur implication me font réagir. Mon père me conseille de contacter le secrétaire de l'union locale FO auprès duquel j'ai déposé ma demande de déléguée syndicale et dont j'attends toujours, d'ailleurs, un retour.

Je rencontre donc le permanent de l'union locale FO à Nice et je l'informe de la situation. Il est stupéfait par ce que je lui apprends. Il me rassure en me disant que la procédure est irrégulière, ne serait-ce que parce que je me suis présentée quelques mois plus tôt aux élections des délégués du personnel. Pour lui, il ne fait aucun doute que ma société va mener son action jusqu'au bout, mais qu'elle ne pourra pas la gagner à cause de leurs erreurs de procédure. Oui, mais moi je veux savoir pourquoi mes anciennes collègues ont sali ma réputation. Il me conseille de prendre contact avec Rosalie, pour

savoir ce qu'il en est. Je le fais, et Rosalie m'envoie cordiale-
ment promener. Dépitée, je refuse donc de l'appeler une
nouvelle fois. Entre-temps, le secrétaire de l'UL[1] contacte le
syndicat commerce Force ouvrière à Paris, pour les entretenir
de mon affaire et savoir où en est ma demande de désignation
comme déléguée syndicale. Les congés d'été ont retardé les
désignations des salariés et ils se trouvent dans l'incapacité de
me donner une date précise. Quant à mon affaire, cela les fait
sourire. Eux aussi semblent confiants, ils connaissent ces
méthodes… Moi je ne ris pas, je suis mal, très mal.

Après avoir passé ce coup de téléphone, le permanent du
syndicat me demande si je peux me tourner vers les représentants syndicaux de mon entreprise (si toutefois il y en a). Je
repense à Samantha Binau, main dans la main avec Baptiste
Crampon et Ernest Lenclume : « Oui, malheureusement ils
sont contre moi. » Une nouvelle fois, le permanent sourit.
Visiblement, il connaît la chanson.

Une fois rentrée chez moi, et sur les conseils de FO, je
recherche le numéro des délégués du personnel de *Livres en
délire* et opte pour l'une d'entre eux, syndiquée à la CGT, une
certaine Emmanuelle Pouldar à qui je laisse un message. Que
faire à présent ? Attendre ? Je repense aux paroles du permanent FO, des larmes plein les yeux. La direction aurait dû
demander son accord à l'inspection du travail pour me licencier, puisque m'étant présentée en mai aux élections du
personnel, je bénéficiais d'une protection de six mois à compter

---

1. Union locale.

de ma candidature. Durant ce délai, la loi interdit non seulement tout licenciement mais aussi toute modification des conditions de travail.

Un représentant du personnel peut être licencié, mais selon une procédure spéciale. L'employeur doit réunir le comité d'entreprise pour l'informer, lui demander son avis et saisir l'inspecteur du travail qui a autorité pour statuer et décider si les reproches sont valables et non liés au mandat du représentant du personnel. S'il s'avère que les deux sont liés, cela veut dire que l'employeur cherche simplement à se débarrasser d'un représentant du personnel un peu gênant. D'où cette procédure particulière. Il faut savoir qu'un représentant du personnel consciencieux a pour mission de mettre en relief les dysfonctionnements au sein de l'entreprise (méthodes de management, pression sur les salariés, conditions de travail déplorables, etc.). Et cela dérange souvent certains employeurs qui en sont volontairement à l'origine, faisant du représentant du personnel un casque bleu « à abattre ». D'où ce statut particulier, sinon personne n'oserait assurer cette fonction, qui peut être très bien vécue dans les entreprises dans lesquelles les employeurs souhaitent réellement faire progresser les choses dans le bon sens. *A contrario*, dans les entreprises où les représentants du personnel n'ont de place que parce que la loi oblige l'employeur à en ménager une (un comité d'entreprise des délégués du personnel, un CHSCT), c'est risqué et cela peut devenir un frein à une carrière…

À l'évidence, *Livres en délire* n'a cure de ces dispositifs légaux. La direction compte sur l'effet de surprise et d'isolement. Car une des phrases prononcées par Baptiste Crampon lors de mon mémorable entretien dans la réserve n'est quand même pas anodine : « Je ne vous raconte pas dans quel état sont les représentants du personnel, à Paris. Ils sont en colère et ne veulent pas en rester là. Personne ne vous soutient. Vous êtes seule. Alors signez ! »

Ils m'ont forcé la main, ils ont joué sur l'effet de surprise et sur l'urgence de la situation. Amère, je relis le document validant ma mise à pied et relève immédiatement des incohérences : « Comme suite à nos divers échanges… » Lesquels ? À aucun moment avant cet entretien la direction ne m'a fait de reproches. Hormis mes accrochages avec Ernest Lenclume, rien n'a été soulevé, personne ne s'est jamais plaint de mon travail. Je poursuis ma lecture, une boule de chagrin dans la gorge : « Vous serez néanmoins intégralement rémunérée… » Si la direction avait été sûre des attaques dont je faisais l'objet, elle aurait été en droit de suspendre mon salaire. Or elle ne l'a pas fait, certainement parce qu'elle sait que la procédure est irrégulière et que l'inspecteur, s'il avait été saisi, se serait vite rendu compte que les motifs allégués étaient fantasques. Car dans ce cas, l'inspecteur peut adresser un rappel à l'ordre à l'employeur et si la situation se reproduit, le harcèlement est constitué envers le salarié protégé. Ce que la direction veut éviter à tout prix.

La tentation est grande de m'autoflageller, mais concrètement, je sais que cela ne fera pas avancer le schmilblick. Sur l'instant, je n'ai pas eu les arguments pour me défendre correctement. J'ai été tellement surprise et sonnée que je me suis laissé faire. Je regrette d'avoir signé le document validant ma mise à pied, j'aurais dû résister et attendre de le recevoir par courrier. C'est facile à dire, une fois l'orage passé. C'est un peu comme pour un jeu télévisé. Dans son salon, un candidat peut être très fort et connaître toutes les réponses, mais une fois sur le plateau de l'émission, face à des millions de gens, il perd pied. Il faut compter avec le trac, la peur. Pour ma part je ne me suis pas retrouvée devant des millions de téléspectateurs, seulement trois personnes, mais pas des moindres. Enfin, maintenant les dés sont jetés. Je me demande ce qu'il peut bien se dire sur moi, dans la société, après les propos calomnieux qu'a tenus la direction. La mauvaise réputation et les animosités dont je dois faire l'objet me font mal. Je n'ai aucun moyen de me défendre. Je suis démunie, perdue, je ne dors plus. Je me sens seule contre tous.

Quelques jours plus tard, je reçois la lettre de convocation à l'entretien préalable à mon éventuel licenciement. Mon rendez-vous est fixé le vendredi 15 septembre 2000 à 11 h 30, au siège, à Paris. Je me prends un coup de massue supplémentaire. Je n'ai donc pas rêvé, tout cela est bien réel, la machine est en marche. Je me sens comme le numéro 6[1], la boule blanche veut m'étouffer, moi qui tente d'échapper à tout ça. Une phrase en particulier a raison de mes nerfs à ce moment-là : « Nous vous informons que nous envisageons de prendre à votre égard une sanction pouvant aller jusqu'au licenciement. » C'est terrible pour moi. Malgré la confiance que les membres de FO me témoignent, je me sens anéantie. Ces pourris vont

---

1. Film « Le Prisonnier ».

gagner et moi je vais traîner cette réputation comme un boulet ! Acculée, je me sens en proie à toutes sortes d'émotions. Je me vois submergée de l'intérieur, mes poumons se rétractent, je manque d'air. Je pense à la fin, je voudrais tout lâcher, je voudrais dormir. Supporter autant de haine, se retrouver en position de coupable, alors qu'au fond de moi je sais que je n'ai rien fait de mal, c'est trop douloureux. Faut-il sauter d'un pont, avaler une boîte de comprimés ? Le flash d'une scène de suicide se dissipe rapidement. Non, je tiens trop à la vie. Tant pis, si je n'obtiens pas gain de cause, j'apprendrai à vivre avec.

Le mardi 12 septembre 2000, je réussis enfin à avoir Emmanuelle Pouldar au téléphone. Elle n'est pas seule, partageant son café avec d'autres représentants CGT parisiens. Au fur et à mesure de mon récit elle s'exclame : « Oh ! C'est pas vrai » et tout d'un coup elle dit : « Leila, je te passe quelqu'un, c'est ta sœur ! Elle vit exactement la même chose que toi. » C'est mon premier contact avec la fameuse Leila Tarek, celle qui a été conspuée lors de ma première et dernière réunion à Paris. Je recommence donc mon récit pour Leila, qui n'en revient pas. Elle aussi fait l'objet de pressions et de lettres de délation de la part de collègues.

Rapidement, le reste des représentants présents est mis au courant et je deviens le nouveau centre d'intérêt de leur conversation. Ô surprise, jusque-là personne, parmi les représentants du personnel de la CGT du moins, n'a été informé de mon affaire. Baptiste Crampon m'a menti, probablement pour m'isoler. Bingo ! Un détail important ressort de tout cela. Il semble évident que la direction a instauré un climat délétère au sein de la société. Ils encouragent les manipulations entre salariés, les poussant à mentir au besoin et à écrire des lettres de délation contre leurs collègues. Le groupe Orion n'a rien de l'entreprise qui m'a accueillie en 1996. Mon ancien gérant était spécial et un peu tordu, mais à l'époque, jamais personne n'avait forcé un salarié à dire du mal d'un autre.

Les représentants CGT sont écœurés de ce qui m'arrive. Sur la lettre, il est précisé que je peux me faire assister lors de cet entretien par une personne de mon choix appartenant au personnel de l'entreprise. Malheureusement, je ne connais personne. La CGT me propose alors de m'assister, bien que je sois FO, car je suis avant tout une salariée. Le pied de nez vient de la CGT… Amusant : la CGT prend donc la défense de FO. Cette alliance ne fait que commencer.

Lors d'une réunion des délégués du personnel avec la direction, quelques jours avant ma convocation, les membres CGT mettent les pieds dans le plat et abordent mon cas. Par la suite, ils me rapportent les propos entendus. En entendant mon nom, Baptiste Crampon qui présidait la séance s'est emporté, allant jusqu'à me traiter de « folle sadique » et autres noms d'oiseaux. Les élues CFDT ont abondé dans son sens… Vive le parti pris ! Toujours est-il que j'en ai pris pour mon grade, et tout cela dans mon dos, sans que me soit laissé le pouvoir de me défendre. Les délégués CGT me rapportent ensuite qu'ils ont interrogé les déléguées CFDT à mon propos. Puisqu'elles disent avoir été au courant de cette affaire, pourquoi n'ont-elles pas pris la peine de me contacter pour écouter ma version des faits ? Pour toute réponse, elles disent avoir été alertées par Jennyfer et Rosalie de mes pseudo-agissements contre elles. En entendant ces mots, je tombe de ma chaise. Heureusement, les délégués CGT répondent que justement, elles auraient dû faire leur boulot de représentants des salariés et m'entendre pour être à même de trancher en toute impartialité. Au bout du compte, le résultat est identique : la direction me hait, et la CFDT aussi. Malgré tout je me sens plus sereine, relancée dans la bataille. Les délégués CGT sont avec moi et ma désignation en tant que déléguée syndicale a été validée.

En vue de la convocation au siège, je prends mes dispositions pour organiser ma venue sur Paris. Emmanuelle Pouldar me propose d'arriver la veille et de loger chez elle, car la direction ne souhaite pas prendre en charge des frais d'hébergement. Ils veulent peut-être me voir arriver le matin et repartir chez moi aussitôt après l'entretien, sans que j'aie la possibilité de rencontrer qui que ce soit… Eh bien non, il en sera tout autrement ! J'arrive donc la veille chez Emmanuelle Pouldar, puis nous passons une partie de l'après-midi et de la soirée à préparer l'entretien. Je refais entièrement mon récit pour elle et Florian – un délégué – en prenant soin de ne rien oublier. Florian me conseille de tout noter, de préparer un dossier très détaillé sur ce qu'il s'est passé et sur ce qui va suivre. Puis nous décidons que Florian, habitué à défendre les salariés, m'accompagnera le lendemain à mon rendez-vous galant avec la direction.

Le jour J, je suis très nerveuse. J'ai l'impression que je suis en route pour la guillotine. Je suis dans le métro en compagnie de

Florian quand, soudain, les portes s'ouvrent et les gens pris de panique se précipitent en hurlant sur le quai. J'ai une trouille bleue et je crie à Florian de se dépêcher de sortir, car il doit s'agir d'une alerte à la bombe. Il est pâle. Jamais durant toutes les années où il a pris le métro il n'a vu un tel vent de panique. Ah, mais c'est qu'il ne connaît pas le surnom que me donne ma sœur : Scoumoune ! S'il doit se passer quelque chose, c'est pour moi. Si une chaise a un pied cassé, on peut être sûr que je vais m'asseoir dessus. Vous voyez le genre. Finalement, Florian et moi finissons le trajet en bus, en riant. Cela commence bien ! Cependant, à mesure que nous avançons vers le siège, je perds mon entrain.

Lorsque Christian Louvier, le directeur général, ouvre sa porte, il jette un regard désapprobateur à Florian. Il n'a pas l'air d'apprécier, il ne devait pas s'attendre à le voir ici. Très disciplinée, j'attends que le DG nous invite à entrer dans son bureau. Mais plutôt que de me convier à m'asseoir, ce dernier me lance « ça ne va pas être long ». L'espace d'un instant, je me demande si Christian Louvier ne va pas me virer sur le pas de la porte. Mais l'instant d'après, il sourit et me dit que tout est annulé, comme l'indique le courrier qu'il m'a fait envoyer et que je n'ai pas reçu. Il ajoute que je peux réintégrer aussitôt mon magasin, ainsi que mes fonctions de responsable. Christian Louvier élude mes questions, toutefois il me remet, à la demande de Florian, une convocation en vue de la prochaine réunion syndicale et précise que la société va prendre mes frais en charge, au regard de mes nouvelles casquettes (déléguée syndicale FO et représentante syndicale FO). Il m'informe ensuite des dispositions à prendre pour m'organiser en vue des réunions de délégués du personnel et nous salue, Florian et moi.

Une fois dehors, je laisse éclater ma joie. Je suis euphorique, et Florian partage mon rire irrépressible. Je sens le stress s'évaporer. Je n'ai rien compris à ce qu'il vient de se passer ! Ma désignation a dû faire changer d'avis la direction puisque Christian Louvier m'en a parlé. Je ne peux donc pas être licenciée…

Un peu plus tard, après avoir chaleureusement remercié mes nouveaux amis, je rentre chez moi vraiment satisfaite. Cela faisait plusieurs semaines que je n'avais pas ressenti un tel calme, je respire à nouveau. Je me fais la réflexion que la seule chose qu'il me reste à comprendre, c'est pourquoi Rosalie et Jennyfer ont agi ainsi.

À la suite d'un rapport relatant mon entretien, rédigé par Florian et envoyé au directeur général de l'entreprise, je reçois un courrier signé de Christian Louvier lui-même :

« Paris, le 13 septembre 2000

Mademoiselle,

Sans préjudice de nos intentions à votre égard, nous vous prions par la présente, de ne pas tenir compte de nos courriers du 24 août 2000 et du 5 septembre 2000.

En conséquence, nous vous remercions de bien vouloir retrouver votre poste de travail dès réception de la présente.

Veuillez agréer mes sincères salutations. »

« Sans préjudice de nos intentions à votre égard », c'est quand même un peu fort après tout ce que l'on m'a fait subir depuis le 25 août ! Je dois rester stoïque et agir comme si rien n'était arrivé… Facile à dire, moins facile à appliquer. Je passe mon week-end à appeler tout le monde, pour expliquer le retournement de situation en ma faveur. Mes proches sont à la fois heureux et inquiets pour moi… Comment vais-je vivre la reprise du travail après tous ces événements ? De mon côté, je me prépare mentalement à réintégrer mon poste, la boule au ventre. Ce que je vis comme une trahison m'a changée, fragilisée. Mon nom a été traîné dans la boue. Je m'en veux de m'être trompée à ce point sur la nature humaine, sur mes collègues que je croyais être mes amies… Pourtant je dois à nouveau travailler pour ces tordus. Je pourrais déclarer forfait pourquoi pas, c'est vrai, passer à autre chose. Mais après tout ce que j'ai construit, investi dans ce travail, et face à une telle injustice, je préfère me battre pour reprendre ma place. Je sais malgré tout qu'il va m'être difficile de donner du crédit aux gens après cela. Moi qui étais si confiante auparavant, je me sens sur le qui-vive avant même d'avoir repris mes fonctions. À chaque fois que je vais me laisser aller à quelques confidences, ou que je vais faire preuve d'un peu de souplesse… Alerte ! Attention, tu vas sur un terrain glissant, qui te dit que ça ne sera pas utilisé contre toi ? J'ai de quoi devenir parano !

En dépit de mes appréhensions, le mardi 19 septembre, je retourne au magasin.

Bras de fer :
bis repetita

En arrivant, je trouve Mélanie qui a occupé mon poste en mon absence, en train de faire l'ouverture. Je l'ai appelée au préalable, mais elle était déjà informée de mon retour. Elle m'accueille sobrement, avec un sourire, sans plus.

Je suis peinée, et à la fois, j'apprends vite que je lui ai « volé » le poste auquel elle aspirait. En effet, la direction avait logiquement proposé la responsabilité du magasin à Mélanie, avant de la lui retirer brusquement, en raison de mon retour. Mélanie se sent grugée, sans possibilité de promotion désormais et ne s'en cache pas. Pour la rassurer je lui dis que si elle le souhaite, je peux demander à la direction de lui confier un poste d'adjointe, assorti d'une prime. Je lui signale cependant le caractère hypothétique de cette configuration, au vu de ma position dans la société. Mélanie le sait bien, et comme à son habitude, elle reste souriante, professionnelle.

À peine me suis-je remise au travail que mon comité d'accueil se poste derrière la porte du magasin : Ernest Lenclume, responsable régional de Paris, et plus de notre secteur, me dévisage de l'autre côté de la vitrine. Il est 9 h 30, il n'a pas perdu de temps ! Je comprends vite à son attitude qu'il ne vient pas me présenter des excuses. Je vais une nouvelle fois passer une journée d'enfer. Après sa demande de me voir en entretien, nous descendons dans mon bureau, dans la fameuse réserve. Étant donné ce qu'il s'est passé la dernière fois, je serais en droit de refuser, mais bêtement, je décide de le suivre pour entendre ce qu'il a à me dire.

Je ne suis pas déçue. Ernest Lenclume m'assène d'un ton méprisant que je n'ai rien à faire dans ce magasin, puis il ajoute, d'un ton cassant : « Si tu avais un minimum d'orgueil tu ne serais pas revenue, mais moi je m'appelle "Monsieur Lenclume" et je n'ai pas la même façon de penser que toi. Je désapprouve ta réintégration mais je n'ai pas le pouvoir d'agir… pour le moment. » J'apprends alors qu'une procédure juridique est en cours et que je vais être licenciée prochainement. Je ne moufte pas, saisie par la violence des propos d'Ernest Lenclume.

Mais ce dernier n'en a pas fini avec moi. Il poursuit, arguant que Mélanie vit très mal mon retour et il m'accuse de l'avoir « prise pour une buse » en lui proposant le poste d'adjointe. Je reste silencieuse. Il continue alors, disant qu'il souhaite connaître très à l'avance mes heures de délégations[1], ainsi que le lieu et le motif de ces réunions. Je lui réponds que les motifs, tout comme les informations sur les personnes rencontrées dans le cadre de délégations, sont confidentiels. Sinon, quel intérêt ! Si les délégués du personnel se mettaient à faire un

---

1. L'employeur est obligé de laisser aux délégués du personnel le temps nécessaire à l'exercice de leur(s) mandats, nombre d'heures déterminé en fonction du nombre de salariés dans l'entreprise.

rapport à la direction sur leurs entretiens avec les salariés qui se plaignent d'eux cela n'aurait aucun sens, personne ne nous ferait confiance. Que les déléguées CFDT se prêtent au jeu de la direction si elles veulent, de mon côté c'est « *niet* »,[1] pas question de lui faire ce plaisir.

Je repense aux conseils de Florian et je demande à Ernest Lenclume de me vouvoyer, à l'avenir. Il refuse, prétextant qu'il n'a nulle obligation d'accepter ma requête. J'insiste, et Ernest Lenclume rétorque qu'il essaiera mais qu'il ne me promet rien. Mon Dieu, que cela semble difficile ! Dans cette société, la direction et le personnel encadrant tutoient systématiquement leurs employés et les appellent par leur prénom. En revanche, pour les salariés, il est convenu de procéder au vouvoiement face aux supérieurs, bien sûr. Pourquoi un tel déséquilibre ? Pour que l'on voie bien qui est le boss ? J'en ai assez entendu.

Alors que je me dirige vers la porte, Ernest Lenclume se lance vers moi. En deux enjambées, il me bloque le passage. Malgré la colère qui me gagne, je lui dis d'un ton tranquille : « Laissez-moi passer s'il vous plaît. Je n'ai plus rien à faire ici. »

J'ai entendu dire que ce monsieur ne supportait pas l'opposition, surtout venant d'une femme. En une seconde je repense aux rumeurs qui circulent à son sujet. Ernest Lenclume aurait un comportement ambigu avec certaines jeunes vendeuses ou responsables. Mais ces faits n'ont pas été officiellement rapportés, certainement par peur des représailles.

© Groupe Eyrolles

---

1. « *Niet* » signifie non.

Comme j'aurais dû m'y attendre, les yeux injectés de rage, Ernest Lenclume lève la main, comme pour me frapper. Je n'attends pas de savoir s'il va me gifler, plus rapide que lui, je m'échappe de cette pièce lugubre. Je remonte les escaliers, tremblante. Je crois que je n'ai jamais autant transpiré d'un coup, tellement j'ai eu la trouille, la trouille de lui. Surtout, je ne dois pas montrer cette peur. Rester droite, digne, c'est tout ce qu'il me reste à faire. Après m'être enfermée quelques minutes dans les toilettes pour reprendre le contrôle de mes nerfs et m'asperger le visage d'eau fraîche, je retourne sur la surface de vente, l'air détaché. Intérieurement je bous, mon estomac est complètement noué. L'autre fou est là, trépignant, rongeant son frein. Je sais qu'il va rester ici, me coller et essayer de me faire sortir de mes gonds. Mais où est l'éther que je l'achève, ce pauvre type ! Est-ce qu'il va me lâcher un jour ?

Dédaigneuse, j'essaie à plusieurs reprises d'accéder à l'ordinateur, situé dans la minuscule pièce au fond du magasin. À chaque fois, Ernest Lenclume vient et utilise le téléphone, en se tenant à quelques centimètres de moi. Sa proximité me dégoûte, j'ai envie de hurler, de lui vomir dessus. Mais non, je me contente de quitter systématiquement cet endroit, sans avoir pu consulter les ventes sur les hit-parades de l'ordinateur, ventes réalisées durant mon absence. Quant à Ernest Lenclume, il m'emboîte le pas… pour me poser ensuite une succession de questions sur les ventes réalisées en mon absence. Sachant pertinemment que je suis dans l'impossibilité de lui répondre, il dit d'un ton goguenard : « Bon, je suis donc obligé de demander à Mélanie. »

Au fil de ces manœuvres, je me retrouve donc à l'écart, rabaissée dans ma fonction de responsable, tout cela dans mon propre magasin. Quelques minutes plus tard, Ernest Lenclume pousse le vice jusqu'à demander à Mélanie de s'occuper des mises en place, alors que le matin même il m'a interdit de modifier les présentations des livres sur les podiums, cela sans avoir au préalable demandé et obtenu l'accord de mon responsable régional, Nicolas Poupin. Toute la journée n'est que brimades, mises à l'écart, et autres procédés indignes. Ernest Lenclume prend évidemment un malin plaisir à me tutoyer. Nom d'un chien, j'ai envie de le bouffer ! Pour ne pas céder à la tentation, je ferme mes écoutilles et essaie de poursuivre mon travail, tant bien que mal.

Vers 16 h 30, je réussis à m'éclipser pour aller aux toilettes. Je contacte alors mon compagnon, depuis mon téléphone portable. Une demi-heure plus tard, mon ami se poste devant le magasin, sans bouger. Je sors de la boutique pour aller le voir, tandis qu'Ernest Lenclume s'enquiert auprès de Mélanie de l'identité de mon visiteur. Notre stratagème semble fonctionner, car tout le temps où mon ami reste posté derrière la vitrine, posant son regard noir de Corse sur Ernest Lenclume, ce dernier s'abstient de toute remarque désobligeante à mon égard. Ah, être confronté à un homme n'est pas la même chose visiblement, le rapport de force n'est pas le même !

Vers 17 h 45, enfin, Ernest Lenclume repart avec sa petite mallette. Mon ami me demande si je souhaite qu'il reste, je lui réponds par la négative et après l'avoir remercié, je descends téléphoner depuis mon bureau, à un collègue. Soudain, j'entends la voix d'Ernest Lenclume dans l'appareil, qui me demande de saluer mon interlocuteur. Je raccroche d'un coup, puis je me précipite dans le magasin : j'y vois alors Ernest Lenclume, le téléphone de la librairie à la main, qui de toute évidence épie ma conversation. Cette fois-ci, j'explose, criant que ses méthodes sont inadmissibles. Il m'annonce alors qu'il m'est désormais interdit d'utiliser le téléphone.

Je rentre chez moi fatiguée et furieuse. De toute évidence, la guerre ne fait que commencer.

Harceleuse ou harcelée ?!

Afin de conserver une trace de ce qui s'est passé ce jour-là, je décide d'adresser un courrier à Ernest Lenclume, détaillant chacun de nos propos et décrivant son attitude méprisante envers moi.

Le lendemain, je reçois un appel de Christian Louvier qui, durant l'entretien, me confirme que je ne suis pas « blanchie ». Ernest Lenclume a fait son rapport, la veille, en bon petit soldat. Il est venu prendre la température au magasin et ne l'a pas trouvée bonne, car je n'ai pas flanché malgré ses attaques. Le *big boss* prend donc le relais et montre son soutien indéfectible à son « homme » de main ? Je suis écœurée, et je demande au directeur général si je vais être licenciée, comme Ernest Lenclume me l'a laissé entendre. Il me répond qu'il n'utilisera pas ce « terme juridique » tant qu'il n'aura pas de certitudes. Tu parles, il ne va pas se mouiller, maintenant ses avocats l'ont briefé, ils ne vont pas commettre deux fois la même erreur ! Je profite de ce coup de téléphone pour lui parler de l'attitude d'Ernest Lenclume, le jour de mon retour. Christian Louvier n'a pas l'air surpris outre mesure et me rétorque seulement un « je n'étais pas là » qui me semble bien

© Groupe Eyrolles

87

lâche ! Le directeur général ajoute que je dois faire tourner « mon » commerce avant toute chose, c'est-à-dire avant mon mandat syndical. L'entretien se clôt rapidement.

Ce même jour, j'envoie un courrier à Christian Louvier en qualité de représentante syndicale et de déléguée syndicale, pour dénoncer une première irrégularité de procédure dans le cadre de l'exercice de mes mandats. En effet, je n'ai pas été conviée à assister aux diverses réunions qui devaient se tenir, notamment concernant le comité d'entreprise. Je lui demande de remédier à cette situation, et l'informe que je vais saisir l'inspection du travail à ce sujet. Tout cela me fatigue, pourtant je suis obligée de réagir immédiatement, au vu de ce que je viens de traverser.

Le 21 septembre, j'adresse un nouveau courrier à monsieur Louvier, lui signalant que je constate « avec un grand regret » que mon nom ne figure toujours pas sur la liste du comité d'entreprise et que de fait, les salariés de l'entreprise n'ont pas été informés de mes désignations en qualité de représentante syndicale FO et de déléguée syndicale FO, comme le voudrait pourtant l'article L. 412-16 du code du travail. En conséquence, puisque personne ne connaît mon existence, personne ne peut me contacter. Voilà une nouvelle entrave que je dénonce aussitôt à l'inspection du travail. C'est sûr, je dois être mise dans l'ombre, il ne faut pas que je contamine les autres salariés… La situation est surréaliste !

Le lendemain, à mon domicile, je reçois une convocation du tribunal d'instance de Villeurbanne, pour le 12 octobre 2000. En lisant le détail, je comprends mieux l'attitude du directeur général : la société *Livres en délire* souhaite faire annuler ma désignation. Si ce point-là n'est pas une surprise, je me demande pourquoi je suis convoquée à Villeurbanne. Le véritable siège social est bien situé là-bas. Toutefois, sur place, il n'y a pas de bureaux, seulement une boîte postale relevée de temps en temps par un cadre de la société. Tout cela est-il bien légal ? Je sens que la procédure va être longue et que mon calvaire est loin d'être fini…

Malgré la fatigue et l'angoisse qui me tenaillent, je décide de me pencher enfin sur les accusations de mes anciennes collègues et amies, Rosalie et Jennyfer. Je dois comprendre ce qu'elles me reprochent exactement, afin de me défendre au mieux. La vérité ne se fait pas attendre… À la suite d'une réunion avec la direction le 3 octobre, Emmanuelle Pouldar et Florian me font parvenir les informations que je demande, sous forme de rapports écrits. Documents en main, je prends une grande inspiration et je commence ma lecture. Lorsque je tombe sur cet extrait, je blêmis :

« *La totalité des personnes présentes en réunion n'étant pas au courant de la situation de Karine Fleury, Baptiste Crampon propose d'expliquer son cas, l'ayant traité personnellement. Il affirme qu'ayant eu connaissance de deux démissions au magasin de Nice, il a décidé de se rendre sur place le 11 août 2000.* »

Le 11 août, alors que j'étais en entretien avec Baptiste Crampon à Marseille, dans le magasin qui deviendrait potentiellement le mien, Rosalie et Jennyfer se trouvaient dans la même ville, dans un café, en tête à tête avec Ernest Lenclume. Ce n'est pas une découverte pour moi. Je me souviens l'avoir su quelque temps après que mes collègues se sont mises en arrêt maladie. Le service comptabilité s'était tourné vers moi parce qu'il avait besoin d'éléments pour rembourser des frais de déplacement jusqu'à Marseille, au motif d'une réunion avec Ernest Lenclume (et ce pendant l'arrêt maladie des deux vendeuses), demande de remboursement validée par Ernest Lenclume en personne. Je le savais donc, mais ces quelques lignes du rapport de Florian battent le rappel et me pincent le cœur. Je poursuis ma lecture, un goût amer dans la bouche :

« Dans la même journée, Baptiste Crampon rencontre les deux personnes démissionnaires à leur demande et prétend les avoir trouvées dans un état épouvantable. Selon lui, les faits seraient les suivants : Karine Fleury a fait subir à son personnel un véritable harcèlement.

Elle a imposé à ses collègues des jours de punition (des heures de ménage pour des fautes commises dans le magasin). Elle a réalisé, sur l'ordinateur du magasin, des dessins pervers représentant son équipe. Ses collègues démissionnaires ont aussi affirmé que tout dialogue a été impossible avec leur responsable. Karine Fleury a obligé ses vendeuses à faire des résumés des livres en vente, et à les apprendre par cœur. Elle a envoyé dans un autre magasin un fax comportant des injures, discréditant l'entreprise et son fonctionnement. Par ailleurs, son mandat de déléguée syndicale n'a été qu'une façon de se protéger des retombées possibles de son comportement. »

Je laisse tomber les rapports de Florian et Emmanuelle, et je me lève. J'ai besoin de marcher, l'amertume fait maintenant place à la colère. Baptiste Crampon n'est jamais venu rencontrer Rosalie et Jennyfer à Nice. C'est Ernest Lenclume qui s'en est chargé le 2 août, lors de cette fameuse journée secrète dans la réserve du magasin. C'est encore lui qui les a vues à Marseille le 11 août. Ernest Lenclume… Celui-là même qui me déteste depuis le début et qui n'a de cesse de me pousser vers la porte de sortie. Alors peut-être que Baptiste Crampon a reçu mes prétendues amies le jour même de mon entretien, mais ce qui est sûr, c'est qu'il n'est pas venu à Nice pour constater le soi-disant harcèlement dont il parle.

Je suis écœurée, lire ces accusations noir sur blanc m'est insup-portable. Moi harceleuse, mauvaise, perverse ? C'est une blague ?! J'ai accueilli Rosalie et Jennyfer à bras ouverts. Je les ai soutenues, aidées, j'ai écouté leurs confidences, je leur ai fait confiance… Et voilà comment elles me remercient ?

Ni une ni deux, je décroche mon téléphone pour contacter la fédération du commerce FO dont je dépends. Je ne suis pas un bourreau, je ne l'ai jamais été, s'il y a une victime de harcèle-ment dans cette affaire, c'est moi ! Et je compte bien me défendre. C'en est trop, je vais leur coller un procès pour diffamation ; rien qu'avec le rapport de Florian, j'ai de quoi faire.

Mais je déchante vite. La secrétaire de la fédération FO, une « pointure », me dissuade de me lancer dans ce qui s'annonce être une procédure longue et fort coûteuse. Il va falloir engager de bons avocats pour s'attaquer à la direction, et je n'ai pas les moyens de le faire. Au fur et à mesure qu'elle me parle, je soupire. Je sais qu'elle a raison. À la fin de la conversation, je redeviens silencieuse, vide. Je n'ai pas d'autre choix que celui de me résigner face à cette injustice. Rassurante, la secrétaire de la fédération ajoute que rien ne tient la route dans ces accusations, et que le tribunal d'instance ne sera pas dupe. Je la remercie de ses conseils et je raccroche, la mort dans l'âme.

Pour me réconforter, je lis quelques lignes du rapport d'Emmanuelle Pouldar :

« *Je soussignée Emmanuelle Pouldar, tiens à attester les propos tenus par monsieur Crampon directeur commercial* Livres en délire *lors de la réunion des délégués du personnel du 3 octobre. Monsieur Crampon a tenu à expliquer "le cas" Karine Fleury en son absence, parlant notamment de jours de punition infligés aux salariés travaillant avec elle, de dessins pervers faits sur son équipe.* »

Vu que tout cela n'est qu'une vaste fumisterie, je ne devrais pas avoir trop de mal à le démontrer, grâce à l'appui de mes collègues syndiqués.

Pendant ce temps, la vie commerciale suit son cours chez *Livres en délire*. Le 13 octobre 2000, les salariés des magasins de la chaîne reçoivent une petite note les informant du changement de direction. Baptiste Crampon prend la tête de la société à la place de Christian Louvier. Assez soudain quand même ! À croire que Christian Louvier avait pour mission de préparer le terrain après le rachat, et ensuite passer la main au neveu du P-DG, Baptiste Crampon, qui avait prouvé sa motivation à mener d'une main de fer la société en vidant les gêneurs.

L'ambiance doit être à la fête, du côté de la direction… Moi, je déprime. Heureusement que mes amis et collègues syndiqués sont à mes côtés.

Comme je m'y attendais, j'apprends que ma convocation du 12 octobre est déplacée au 6 novembre, toujours à Villeurbanne, pour un problème de compétence. En effet, en effectuant ma désignation, FO s'est trompé d'adresse. Ignorant l'existence du siège social à Villeurbanne, ils ont adressé leur demande à Paris. De fait, la direction a attaqué et demandé au tribunal de Paris d'annuler ma désignation pour ce motif. Me voilà donc officiellement en stand-by… Formidable.

FO réagit rapidement et refait une demande de désignation, à Villeurbanne cette fois, puisque d'après la direction le siège social s'y trouve. Deux instances juridiques sont donc lancées, pour statuer sur deux dossiers identiques. La direction aime me mettre des bâtons dans les roues, c'est évident ! FO ne perd pas de temps et en attendant une nouvelle convocation, le syndicat fait parvenir ses conclusions au tribunal d'instance. Il a été décidé que je serais représentée par la secrétaire fédérale du Commerce de Force ouvrière elle-même. Elle maîtrise parfaitement les prétoires et, comme en attaquant ma désignation la direction de *Livres en délire* attaque avant tout FO, je vais bénéficier de la gratuité de ses services.

Par ailleurs, le 21 octobre, mon ancien régional Thierry Bibard, informé de la situation rédige une attestation en ma faveur :

« Ayant eu connaissance des faits reprochés à Karine Fleury par ses anciennes vendeuses, je me trouve très surpris par ce que ces deux personnes ont écrit sur leur responsable de magasin. En effet, à aucun moment durant ma fonction de régional ces personnes n'ont manifesté le moindre problème, ni reproche à l'égard de Karine Fleury. Au contraire, l'ambiance était plutôt chaleureuse et agréable,

ce que j'ai pu constater à chacune de mes visites. Karine Fleury a toujours gardé sa confiance en chacun des membres de son équipe.

Jennyfer, en vue de sa venue et de son installation à Nice, était très heureuse de l'accueil qui lui avait été fait par toute l'équipe, et me répétait régulièrement qu'elle était "heureuse de travailler avec Karine" pour son professionnalisme et sa gentillesse.

Le 31 mai au soir, nous avons fait un dîner en équipe qui s'est très bien passé.

Après cette date, j'ai eu des contacts téléphoniques avec l'équipe du magasin de Nice. J'ai pu noter que Rosalie et Jennyfer étaient toujours bien disposées envers Karine Fleury. C'est pourquoi je ne comprends pas ces subites déclarations. »

Thierry Bibard établit également un certificat détaillant mes compétences et la qualité de mon travail lors de mes différentes missions.

Malgré ces témoignages encourageants, je vis assez mal cette obligation de me justifier. J'ai l'humiliante impression de quémander des attestations, du crédit de la part des autres, comme si ma propre valeur ne dépendait plus de mes convictions. J'ai la sensation d'avoir pris dix ans d'un coup, mon estime de moi est au fond des chaussettes. Heureusement, mes proches continuent de me soutenir et m'empêchent de douter.

Du côté de la direction, le défilé continue : début novembre 2000, Ernest Lenclume devient directeur du secteur Est. Ils doivent sabler le champagne au siège, et sans doute du bon, du Ruinart, à nos frais bien sûr !

À la suite du dessaisissement du tribunal de Villeurbanne, et confrontée aux embouteillages dans les tribunaux français, il m'apparaît clairement que mon dossier ne sera certainement pas traité avant l'année 2001… Si tout se passe bien, au premier trimestre. Et bien sûr, sans compter le délai dont aura besoin le président du tribunal pour statuer définitivement. Je vais donc passer les fêtes de fin d'année dans le stress. J'oscille entre espoir et déprime. Je me sens à la fois portée par FO et seule dans mon combat, l'épée de Damoclès luit au-dessus de ma tête.

Le quotidien au magasin est difficile. Chaque matin, après une nuit peuplée de cauchemars, je pars travailler avec la boule au ventre, ne sachant pas à quoi je dois m'attendre. Ernest Lenclume va-t-il débarquer et me pourrir ma journée ? Vais-je être à nouveau mise à pied ? Mes vendeuses vont-elles subitement se retourner contre moi ? Ma vie est devenue un grand point d'interrogation, je me sens comme suspendue. Les documents détaillés présentés par *Livres en délire*, relatifs à ma convocation au tribunal, sont envoyés directement à mon domicile. Alors, depuis quelque temps, je ne supporte plus d'ouvrir ma boîte aux lettres pour prendre mon courrier. Je me sens tellement salie, fragile, je vis dans la peur de recevoir une nouvelle attaque.

Ma factrice, une femme en or et au courant de mon affaire, prends d'infinies précautions pour m'informer de la réception des recommandés. Ainsi, le jour où elle voit le nom de l'expéditeur qui n'est autre que le tribunal d'instance, elle devient livide et m'appelle depuis l'interphone, pour que je descende.

Arrivée en bas, je prends la grande enveloppe blanche entre mes mains. Je n'ose pas l'ouvrir et la retourne nerveusement. Tremblante, je déchire l'enveloppe pour consulter les papiers qu'elle contient. Le cabinet d'avocats chargé de représenter mon employeur me demande de lui faire parvenir mes propres pièces et écritures en retour aux documents qu'il m'adresse. Il me précise qu'il m'est loisible de me faire représenter par l'un des confrères du cabinet. En parcourant les documents en question, j'ouvre de grands yeux, puis je me mets à pleurer. C'est la première fois que j'ai accès aux accusations précises portées par la partie adverse, et franchement, c'est absolument odieux. Je rentre chez moi défaite, je me sens au bout du rouleau.

Le 6 novembre 2000, ayant été prévenue que le tribunal d'instance a renvoyé l'affaire sur Paris, la secrétaire FO chargée de me représenter ne se rend pas à Villeurbanne. De mon côté, j'envoie un mot à la présidente du tribunal d'instance pour excuser mon absence. Je joins à ma missive l'arrêt de travail que le médecin m'a délivré quelques jours plus tôt. La direction doit trépigner de son côté, mais cette perspective ne m'apporte aucune joie. Je suis à nouveau complètement déprimée, en arrêt maladie, les accusations envoyées par les avocats de *Livres en délire* m'ont achevée.

Enfermée chez moi, je lis et relis les pièces produites par la société et celles présentées par FO au tribunal. J'en suis malade, j'en rêve la nuit, je suis épuisée. La seule chose qui me tient, est d'écrire et d'argumenter, preuves à l'appui, pour contrecarrer la mauvaise foi de la partie adverse. En réponse à la direction, qui met en avant le caractère frauduleux de ma désignation, je réponds :

« Ma demande de désignation est antérieure aux faits qui me sont reprochés puisque j'ai adhéré au syndicat commerce FO au mois de mars 2000 et que, dès le mois de mai, j'ai rencontré le secrétaire de l'union locale FO à ce sujet. De plus, durant les élections, j'ai envoyé un énième message au service du personnel pour connaître le résultat des élections auxquelles je me suis présentée, ma demande est restée sans réponse, puis j'ai adressé un message via *le fax de la CFDT (puisque je n'ai reçu que les leurs) en demandant des informations concernant les élections. Je n'ai reçu ni réponse ni coup de fil de leur part. La direction ne m'a, elle non plus, jamais répondu et a dissimulé mes courriers au tribunal, ce qui est déjà assez grave en soi et prouve leur mauvaise foi.*

FO met en avant les "curieuses procédures (disciplinaires ?) intentées contre (moi) telles que la dispense d'activité avec maintien de rémunération et la subite suspension de la procédure de licenciement le 5 septembre 2000". Comme le dit mon défenseur, si les prétendues fautes avaient été réelles et sérieuses, l'employeur n'aurait pas manqué de suivre la procédure disciplinaire, de convoquer le comité d'entreprise pour qu'il donne son avis sur un projet de licenciement et de saisir l'inspection du travail d'une demande d'autorisation de me licencier. »

J'entreprends ensuite de répondre aux accusations de harcèlement moral et de manipulation, portées à mon encontre par mes anciennes collègues. J'aurais donc (entre autres) obligé Jennyfer à écrire des courriers discréditant la direction, la mettant ainsi en mauvaise posture vis-à-vis de ses employeurs. J'aurais obligé mes collègues à faire le ménage dans le magasin, à aller à la banque, à écrire des résumés de livres, etc. En gros, on m'accuse d'être la mère Thénardier !

Faisant claquer les touches de mon ordinateur, je rappelle que durant notre collaboration, Rosalie ne s'est jamais mise en arrêt maladie pour dépression. Or les propos qu'elle tient à mon encontre laissent supposer que travailler avec moi était insupportable. Je précise qu'elle n'a jamais exprimé le moindre reproche à mon égard, que ce soit à notre responsable régional Thierry Bibard ou à notre direction.

Rosalie a travaillé plus d'un an et demi à mes côtés sans se plaindre (date d'entrée mars 1999 jusqu'au 21 juillet 2000). Pourtant, moins de deux mois après l'arrivée du nouveau régional Ernest Lenclume, elle a décidé de démissionner. Dans sa lettre de démission, pour ce que j'en ai vu à l'époque (je l'ai aidée à la rédiger), elle ne m'accuse nullement et me demande conseil sur la durée de préavis à appliquer, ce qui semble contradictoire avec l'idée que je la harcèle. Par ailleurs, les lettres diffamatoires interviennent seulement quatre semaines après sa démission, et à la suite d'une entrevue discrète avec la direction le 11 août 2000 à Marseille, ce que Rosalie reconnaît elle-même. Aucune confrontation directe n'a eu lieu, alors que j'étais sur place ce jour-là.

J'imagine un instant les entretiens de mes anciennes collègues avec la direction, me remémorant mes propres « interroga-toires » à la suite de l'éviction de Thierry Bibard. Je vois bien Ernest Lenclume revenir sur les déclarations de mes vendeuses : « Vous êtes sûre qu'il n'y aurait pas une petite chose à dire ? Cherchez bien dans vos souvenirs… » Je soupire. Il est évident que Rosalie et Jennyfer ont subi des pressions de leur côté. Je les connais malgré tout, je les ai côtoyées chaque jour pendant plusieurs mois et aucune des deux ne m'a semblé aussi retorse. Mais si je peux comprendre, je ne peux pas excuser. On est intègre ou on ne l'est pas, et là, celles que je croyais être mes amies m'ont manifestement planté un couteau dans le dos pour servir leurs intérêts.

Je reprends mon courrier, soulignant notre bonne entente de l'époque avec force détails. Non mais franchement, c'était harcelant d'offrir des cadeaux, de donner mon ancien frigo, de proposer des dîners en ville ? J'estime n'avoir jamais obligé Rosalie à faire quoi que ce soit contre sa volonté. Je ne lui ai jamais imposé de faire un résumé sur un livre, il faut remettre les choses à leur place : Rosalie m'a un jour confié qu'elle ne connaissait rien à l'Histoire et je lui ai simplement proposé d'emprunter un livre sur ce thème pour qu'elle puisse le consulter chez elle. Je n'ai jamais eu en mains les notes qu'elle a rédigées ensuite et bien entendu, je ne les lui ai jamais demandées.

Une très bonne ambiance régnait dans le magasin et les photos, les divers petits mots que nous nous adressions en attestent (même si l'agenda sur lequel nous échangions a étrangement disparu lorsque j'ai été mise à pied). Vu nos horaires très différents, Rosalie aurait eu tout le loisir d'appeler la direction depuis le magasin si elle s'était sentie réellement en danger. Et quand bien même, si elle s'imaginait surveillée, elle aurait pu appeler de chez elle !

Il est un peu facile de porter des accusations sans preuves (notamment concernant des soi-disant punitions, la soi-disant mauvaise ambiance, le chantage, etc.). Ces accusations relèvent plus du commérage médisant que de la réalité.

Je continue sur ma lancée pour relater les faits concernant Jennyfer, renouvelant mon étonnement face à ses propos diffamatoires à mon égard, ainsi qu'à leur véhémence. Je ne les comprends pas, c'est pourquoi je tiens à donner ma version des faits, preuves à l'appui. Thierry Bibard et moi-même sommes entrés en contact avec Jennyfer afin de mettre en place sa venue à Nice. La direction souhaitait faire venir celle-ci à ses frais et sur son temps de repos. Or, Thierry Bibard a négocié avec la direction pour qu'on lui laisse le temps nécessaire à ce qu'elle prenne sa décision dans de bonnes conditions.

Je relate en détail l'arrivée de Jennyfer et le soutien que je lui ai témoigné durant ses premiers temps à Nice. Je contrecarre ensuite la thèse selon laquelle j'ai été responsable du sureffectif de mon magasin, soulignant le manque de clarté dont a fait preuve la direction sur les fonctions de Jennyfer et des miennes (responsable, coresponsable, copilote produits). Je raconte également les fréquents appels d'Ernest Lenclume vers Jennyfer, concernant sa mutation… Si cela n'est pas du harcèlement téléphonique, je ne m'y connais pas !

Je retrace les directives d'Ernest Lenclume, ses entretiens réguliers et mystérieux avec Jennyfer (à Toulon, Nice et Marseille), mettant en parallèle ces interventions douteuses et l'arrêt maladie de ma collègue, suivi de sa démission. Puis j'ajoute : « *Il est remarquable de noter tout comme pour Rosalie (autre salariée démissionnaire) que la première lettre de Jennyfer est datée du*

13 août 2000, soit rédigée après sa démission. Visiblement elle n'a pas pu en prendre l'initiative seule puisqu'elle le confirme dans sa lettre du 15 août 2000 ("Après notre entretien du 11 août…"). »

Étonnantes, ces lettres, n'est-ce pas ? Une première lettre courte a été adressée à la direction le 13 août, une plus longue le 15 août et au cas où un doute pourrait encore subsister, Jennyfer en a rédigé une nouvelle le 16 août… *No comment*[1].

Je poursuis mon courrier et rappelle que Jennyfer avait pour mission d'apprendre le maximum de choses au magasin, étant donné ses fonctions de coresponsable. De ce fait, les tâches soi-disant basses que je lui aurais demandé d'exécuter ne méritent pas cette qualification à mes yeux. Tout ce qu'elle cite, de la vérification de l'aspect du magasin à l'étiquetage, en passant par se rendre à la banque, est très important. Si je ne l'avais pas formée à toutes ces tâches, on aurait pu m'accuser de manque de confiance envers ma coresponsable.

Par ailleurs, Jennyfer a souvent exprimé sa joie de travailler avec moi. Je m'étonne donc de la description de son quotidien : pas de contact avec ses supérieurs ou avec les autres magasins, pauses obligatoires avec moi… En tant que future responsable, il aurait été logique, si la situation ne lui convenait pas, qu'elle s'impose, s'affirme et prenne contact avec la direction. De plus, jusqu'au mois d'août, j'ai été plus souvent en mission sur d'autres magasins qu'à surveiller les faits et gestes de mes collègues, soyons honnêtes !

---

1. Sans commentaire.

Tout le reste est à l'avenant, du bla-bla insignifiant, de l'ordre du cancan. Je ne vois pas comment Jennyfer aurait pu juger de mon travail et savoir combien d'heures j'avais à récupérer du temps où j'ai exercé ma fonction de copilote produits. Je n'avais de comptes à rendre qu'à mon responsable régional, je n'avais pas à me justifier dans les détails auprès d'elle. La direction ne m'a jamais fait le moindre reproche sur mon travail ou sur les notes de téléphone dont ils ont toujours reçu le relevé détaillé. Quant au reste, la prétendue interdiction de porter certains vêtements, l'existence de dossiers secrets, ce ne sont que des fabulations. Cela semble tellement invraisemblable ! Tous mes propos ont été transformés, amplifiés, je ne vois pas où j'ai failli à mes fonctions en mettant à l'abri des documents importants, dans un meuble fermé à clé dans le bureau.

Jennyfer oublie de dire qu'elle a commis des erreurs, compréhensibles étant donné son manque d'expérience, mais elle n'a pas eu pour autant d'avertissement ou de mise à l'écart. Au contraire, elle a pu logiquement continuer à prendre des initiatives. Elle a écrit d'elle-même au service du personnel parce qu'elle avait eu un problème d'inscription aux élections. C'est elle seule qui leur a envoyé un fax de reproches, que je n'ai d'ailleurs pas en double, au sujet d'une conversation téléphonique houleuse avec le service du personnel, service qui lui a adressé une réponse exprimant sa stupeur. Jennyfer peut accuser qui elle veut, mais elle est la seule responsabilité de son acte, les faits sont là. A-t-elle oublié le rapport qu'elle a établi contre Ernest Lenclume ? Ce n'est pourtant pas moi qui l'ai écrit, je ne vois pas comment j'aurais pu lui souffler des détails qu'elle est seule à connaître…

Je peux supposer que ce témoignage abusif a été obtenu soit par pression, soit en faisant miroiter une réintégration dans l'un des magasins du groupe. Après tout, Jennyfer a un prêt important à rembourser, je ne l'ignore pas. Mais comment le prouver ?

Et que dire du fait que Rosalie et Jennyfer ne font officiellement pas mention des dessins pervers que j'aurais réalisés, ou encore de ma lettre d'injures à Nicolas Poupin, celle qui m'a été dérobée ? C'est étrange quand on sait que ces deux éléments ont fondé ma mise en accusation et ma mise à pied… Elles ont dû être judicieusement conseillées.

Je décide de m'arrêter là dans mes écrits, tant tout me semble clair. Il ne me reste plus qu'à attendre que ce cauchemar prenne fin.

Briser la loi
du silence

Mon arrêt maladie prend fin, et je retourne travailler, un peu requinquée. Sans négliger mon travail au magasin, je m'informe de ce qu'il se trame dans la chaîne *Livres en délire*. Je m'aperçois alors que Leila Tarek continue à subir elle aussi des brimades et des sanctions assez similaires à celles que je vis. La direction tente même de la rétrograder, en la faisant passer du poste de responsable à celui de vendeuse, en fondant cette décision sur de faux motifs.

Et nous ne sommes visiblement pas les seules… En relisant les rapports des syndiqués, transmis en vue de ma convocation au tribunal, je découvre qu'une salariée déléguée du personnel CGT, Annie Chemin, est elle aussi confrontée aux pressions de la direction. Lorsque je lis une de ses missives, adressée à la direction le 4 octobre 2000, je suffoque :

« J'ai subi du stress dans mon activité professionnelle lors du rachat des parts par le groupe Livres en délire *depuis mars 1999 :*

- *baisse de qualification, de niveau 5 à niveau 2 (remis à jour un an après intervention de l'inspection du travail) ;*
- *arrêt maladie à la suite d'une dépression liée aux problèmes professionnels ;*

- *avril 2000 : procédure de licenciement mise en place par monsieur Lenclume, intermédiaire de monsieur Crampon, avec indemnités de 6 mois de salaire pour 15 ans de présence ;*
- *refus de ma part et reprise de mon travail le 23 juin 2000, après congé maladie et opération ;*
- *réception d'un courrier de la direction, m'accusant d'être salariée protégée, cause du mauvais fonctionnement de mon magasin, et responsable de démission de personnel ;*
- *monsieur Lenclume m'ignore totalement lorsque je travaille, et téléphone quand je ne suis pas là ;*
- *je n'ai aucune responsabilité dans mon travail en l'absence de la responsable, c'est la personne en CDD au niveau 2 coefficient 150 (c'est-à-dire vendeuse débutante) qui assure la responsabilité de vendeuse, or je suis entrée à* Livres en délire *depuis décembre 1984 ;*
- *monsieur Lenclume procède de la même façon concernant tout le personnel qui est à éliminer. »*

Édifiant !

Je relis également le courrier de Florian, rédigé à la suite de la réunion du 3 octobre.

« La réunion s'est poursuivie dans le plus grand tumulte à la suite des accusations portées contre Karine Fleury. Baptiste Crampon a finalement accepté de lever intégralement la sanction prise à l'encontre de Leila Tarek, qui réintégra pleinement ses fonctions dans les jours qui suivent.

En ma qualité de délégué du personnel, j'ai par ailleurs connaissance d'un autre magasin du groupe où le personnel de vente a été encouragé par un responsable régional à écrire des lettres contre leur responsable de magasin. »

Voilà donc mise en lumière une des tactiques récurrentes de la direction pour faire craquer les salariés récalcitrants. I-so-le-ment ! Je connaissais la méthode qui consiste à « diviser pour mieux régner », à présent je découvre celle-ci, également en vogue dans les autres magasins. Par la suite, avec d'autres représentants du personnel, nous mettons à jour de nombreux cas de salariés délibérément mis à l'écart par la direction en vue d'un licenciement.

Pour l'avoir vécu, je comprends la confusion que de telles pratiques peuvent engendrer. Quand vous vous croyez seul, persuadé que tout le monde s'est ligué contre vous, que vous n'avez aucun argument ou preuve à opposer, à moins d'être doté d'un caractère extrêmement fort, vous fléchissez et acceptez tout. Vous êtes licencié, quand on ne vous a pas convaincu (dans votre intérêt bien sûr) de démissionner. L'employeur vous conseille de partir de vous-même, que cela vous fera moins de tort si vous êtes amené à retravailler dans tel ou tel secteur. En vérité pour lui, l'employeur, la procédure est simplifiée et il n'a pas à payer les indemnités de licenciement !

Si j'ai un conseil à donner aux personnes qui n'ont rien à se reprocher, qui sont dans leur bon droit, et qui se retrouvent dans un cas similaire ou tout au moins isolées par leur direction, c'est d'immédiatement se confier autour d'elles, d'en parler sans honte à leur famille, à leurs amis, d'aller voir l'inspection du travail… Mais surtout, surtout de ne pas faire le jeu de l'employeur et tout accepter. Sans cela les accusations vous tombent dessus comme des coups de massue, même si, vous savez que tout est faux, au fond de vous-même vous éprouvez de la honte. Je ne sais pas pourquoi. Vous en venez à culpabiliser, à vous demander ce qui est allé de travers.

L'isolement, oui, la direction compte là-dessus. Dans mon cas, les magasins filiales les plus proches sont situés à environ 200 km. Je connais peu les équipes là-bas, donc je n'aurais pas songé à les contacter pour leur parler de ce qui m'arrivait, à l'époque. Nous sommes 500 salariés certes, mais disséminés à travers la France, ce qui rend difficile une cohésion de groupe. La direction ne le sait que trop et visiblement, elle sait en jouer.

Et que dire d'Ernest Lenclume, clone de Baptiste Crampon en plus « brut de pomme »… Baptiste Crampon, ayant suivi une filière « Hautes études commerciales », a au moins la grâce de faire semblant. Il adopte une attitude compatissante presque paternelle, il donne l'impression que nos idées ou propos ont de l'importance avec de grandes phrases comme « Vous avez raison, nous allons nous pencher sur le problème » (on attend toujours !). Ernest Lenclume, lui, met tout de suite en avant ses compétences managériales, son leadership naturel, sa capacité à gérer les différences (à savoir : « si tu ne rentres pas dans le moule, casse-toi ! »).

Lorsqu'il a pris ses fonctions, quelque temps plus tôt, on nous a annoncé dans les magasins qu'un « nettoyeur » arrivait et s'apprêtait à nous mener à la baguette. Je me souviens avoir imaginé un gros rustre arriver avec sa charrette, prêt à nous embarquer pour nous jeter à la décharge. C'est tout dire, un nettoyeur ! Qui n'a pas entendu ça dans sa boîte ? Et pourquoi pas un fossoyeur tant qu'on y est pour gagner du temps (avec tout le respect que j'ai pour cette profession) ? Si vous la ramenez trop, on va vous envoyer quelqu'un qui saura vous remettre sur les rangs. Entre ça et les petits chefs, rien de tel pour mettre une bonne ambiance dans les magasins !

Les dirigeants d'entreprise, et je parle au sens large, devraient être plus prudents quand ils utilisent des méthodes managériales extrêmes car certains salariés, plus fragiles que d'autres, peuvent parfois sombrer dans une profonde dépression dont ils ne ressortiront jamais, ou carrément commettre l'irréparable. L'actualité parle malheureusement souvent du mal-être au travail, du suicide et dernièrement des prises en otage de cadres de société. Les gens se retrouvent aux abois, démunis face à ces fous qui n'ont aucun scrupule à écraser les subalternes. En termes de communication, on fait mieux, avouez ! Je pense qu'on peut décrire Ernest Lenclume comme celui qui fait le sale boulot de la direction. Et le pire, c'est qu'il aime ça !

Pour revenir au climat qui règne en ce moment entre les salariés de *Livres en délire* et la direction, je peux dire que l'atmosphère est plutôt tendue. Les syndiqués CGT et FO défendent les salariés, tandis que la CFDT semble continuer à se ranger du côté de la direction… Les réunions au sommet sont houleuses, bien souvent, et les éclats de colère entre délégués du personnel et chefs, très fréquents. De mon côté, je me sens soutenue, relancée dans la bataille. La convocation au tribunal approchant, je me raccroche au bon vieux dicton « L'union fait la force »… Car de la force, il va m'en falloir.

Enfin, l'audience au tribunal a lieu, le jour prévu et sans report. La CGT est là au grand complet. La secrétaire fédérale FO qui me représente m'a informée que je ne serais pas appelée à la barre. Je m'assois donc face à la présidente du tribunal, au premier rang. Je me fais l'impression d'être une délinquante que tout le monde dévisage d'un regard réprobateur, accusateur. La secrétaire fédérale commence sa tirade et sort le grand jeu. Comme un vrai ténor du barreau, elle réfute toutes les accusations avec une aisance spectaculaire. Elle s'exprime d'une voix forte, et appuie son discours de gestes amples, s'adressant tour à tour à la présidente et au public. Au bout d'un moment, la présidente intervient et lui fait remarquer que même si elle a l'habitude de plaider, elle n'est pas dans un théâtre. Un peu inquiète de cette observation, je me rassure en me disant qu'en attendant, la secrétaire a réussi à placer tous ses arguments de façon brillante.

Mais je ne suis pas au bout de mes surprises car peu de temps après, la présidente m'invite à témoigner. Je crois défaillir, je me mets à transpirer. C'est dit, je ne pourrais jamais être avocate ! Je regrette de ne pas avoir préparé quelques mots car là, prise au dépourvu, je perds tous mes moyens. J'ai honte d'être à la barre, je me sens écrasée, minuscule, au milieu de cette grande salle remplie de quasi-inconnus. Je n'ose pas me tourner vers la salle, et commence à bafouiller deux ou trois phrases à peine audibles. Je parviens néanmoins à dire que tout est faux, que les accusations sont montées de toutes pièces et que je peux le prouver. J'ajoute que je n'ai jamais eu de problèmes avant l'arrivée de mon supérieur puis je m'excuse d'être si maladroite, arguant timidement que je n'ai pas l'habitude de m'exprimer en public devant tant de personnes.

La présidente me rétorque que je vais devoir m'y habituer si je veux défendre les salariés. Sur le coup, je n'entends pas cette phrase. Recluse dans ma bulle d'angoisse, je ne percute pas. Mais lorsque l'audience prend fin et que je retrouve la secrétaire fédérale devant le tribunal, celle-ci m'assure que la présidente vient officieusement de dévoiler sa décision. Pour ma part je n'y crois pas. Je ne veux pas me raccrocher à des chimères, à des espoirs, je veux seulement que le jugement soit rendu au plus vite pour que toute cette infamie cesse enfin.

Le 9 mars 2001, le tribunal d'instance déclare recevables mes désignations comme représentante syndicale et déléguée syndicale FO au sein de mon entreprise. J'ai gagné ! Cependant, ma joie est de courte durée. En effet, si j'ai recouvré ma dignité, je m'aperçois vite que la direction ne me porte pas dans son cœur. Elle ne m'en hait que davantage… Tout ça parce que je refuse de me laisser briser.

Je dois dire que ces techniques sont de plus en plus agressives dans les entreprises, les affaires de suicide augmentent. Le public pense parfois que les salariés qui traînent leurs employeurs devant les tribunaux exagèrent, qu'ils sont bien planqués, que leur boulot n'est pas si difficile que ça, que rien n'est comparable au fait d'aller à la mine, etc. Mais la violence verbale égale la violence physique. Une véritable guerre des nerfs se met en place dans certaines sociétés et si l'on n'est pas solide, il est difficile voire impossible de s'en sortir indemne. Quel que soit le cas de figure, les directions des entreprises savent forcément ce qu'il se trame entre leurs murs. Et si elles ne sont pas toujours à l'origine des dysfonctionnements, elles couvrent bien souvent les éléments agissants. Sinon comment ces gens pourraient-ils continuer à maltraiter les salariés en toute impunité ? La loi du silence ? Au bout d'un moment, tout se sait. Avec un peu de bonne volonté, un directeur qui remarque une baisse de régime, des arrêts maladie à répétition ou encore un problème de communication, doit se poser des questions. Sauf s'il est dans son intérêt de fermer les yeux et de laisser faire… Mon affaire n'est donc pas unique en son genre. Peut-être plus tordue que les autres, malgré tout !

Quelque temps après que le verdict soit tombé, j'adresse un fax de trois pages à l'ensemble des magasins de la chaîne pour préciser ma victoire aux salariés et m'assurer que les informations sont bien passées. Puisque la direction s'abstient visiblement de communiquer sur cet événement, je m'en charge avec une immense satisfaction. Déterminée à faire éclater la vérité, je dénonce les machinations mises en place par la direction pour m'éliminer, sans omettre aucun détail. Je mets en garde les salariés sur les techniques choisies pour les dominer, les impressionner, les rabaisser, comme le tutoiement et l'utilisation systématique de leur prénom. Je dénonce également le climat de défiance instauré dans les équipes, qui favorise la division. Comme le disent mes collègues de la CGT, nous sommes en pleine « promotion délation » !

Quitte à frapper un grand coup, je choisis un ton caustique qui ne laisse pas indifférent. Tel est mon but, je sais qu'il est difficile de capter l'attention des salariés, déjà surchargés de travail.

Trop pris par leurs propres problèmes, persuadés que personne ne s'intéresse à eux et ne peut leur venir en aide, ils ne lisent pas les tracts la plupart du temps. Pour être sûre que mon message ne finisse pas au panier, je diffuse largement et plusieurs fois ce type de message :

« Le retour de la planète des singes,

En l'an de grâce 1997, une planète réduite en esclavage.

Quelques années plus tard, après une terrible guerre de succession sans merci, le nouveau pouvoir se met en place avec des règles plus dures. »

L'analogie est suffisamment parlante pour que les salariés reconnaissent dans cette prose particulière, le récit des récents événements, dus au changement de direction.

Dans un autre fax, je décide de dénoncer clairement les méthodes de management agressif et de manipulation, en suppliant les salariés de ne pas céder à la fatalité.

« Grâce à des talents innés, il sera facile à un "certain" individu de monter un groupe contre une personne (la "cible"). Le "manipu-lateur" ira jusqu'à demander aux salariés d'écrire de longues, très longues lettres de délation contre un(e) collègue ; lettres obtenues après de longs, très longs entretiens privés et discrets sans témoins, méthode régulièrement employée pour éliminer toute personne gênante. On peut se demander comment ces lettres sont obtenues : menaces, intimidations, lavage de cerveau, naïveté, promesse de promotions, promesse d'argent, etc. »

Le « harceleur » est guidé selon moi par des motivations bien précises : le pouvoir, le profit, ainsi que l'envie et la jalousie.

Dans mes tracts, je conseille donc d'éviter les situations conflictuelles et de ne pas répondre aux provocations, car le manipulateur essaie toujours de pousser son subalterne à la faute. Le mieux est encore d'écouter, de se taire et de répondre ensuite par écrit, posément, avec tous les arguments en main. Il est difficile de s'opposer à une personne qui vous manipule, mieux vaut prévenir que guérir ! Avec le recul, je sais que le manque de distance et la confiance aveugle m'ont perdue. Alors, sans tomber dans la paranoïa, je recommande désormais la prudence.

Je suis déchaînée, plus rien ne m'arrête. En me servant de ma propre histoire, j'appelle les salariés à résister. Je m'attends à recevoir une mise en garde de ma direction, j'ai bien conscience de ne pas y aller avec le dos de la cuillère dans ce tract. Mais rien ne vient, je peux donc continuer à briser la loi du silence.

Un système perverti

Bien décidée à continuer le combat pour faire respecter les droits des salariés, j'investis avec ferveur mes fonctions syndicales. Mais, comme pour tout dans cette entreprise, rien n'est aisé. Mes collègues et moi-même appuyons le projet de mettre en place un comité d'hygiène et de sécurité, pour pallier les incohérences des conditions de travail. Malheureusement, je me rends rapidement compte que nous n'aurons pas l'appui plein et entier de l'inspection du travail. L'inspecteur chargé d'étudier nos demandes est-il véritablement incompétent ou totalement verrouillé par des forces financières et politiques qui le dépassent ? Toujours est-il que si le CHSCT finit par voir le jour (contre la volonté de la direction), la plupart des améliorations réclamées passent aux oubliettes. Pour compliquer la tâche, la majorité des élus du CHSCT sont des salariés affiliés à la CFDT, le syndicat rangé du côté de la direction. De leur point de vue, rien ne cloche dans les magasins, pas même dans ceux dont les conditions de travail sont objectivement dangereuses, ou les problèmes relationnels évidents. Le CHSCT ne sert-il donc à rien ? Qu'y a-t-il de plus essentiel que la santé physique et psychique des salariés ? Je suis outrée.

L'inspecteur du travail a pourtant été alerté sur les méthodes de management agressif d'Ernest Lenclume et de la directrice des Ressources humaines, Sylvia Galiente. Cependant, hormis un petit courrier à son sujet, il ne fait rien de plus et nous laisse entre nous, espérant sans doute que la sélection naturelle opère. Seuls les plus résistants vont pouvoir s'en sortir ? C'est un peu fort de café ! Finalement, poussé par FO et la CGT qui le sollicitent habilement sur des faits concrets, l'inspecteur se voit contraint de prendre des décisions gênantes pour lui et pour son service. Une fois de plus, je découvre que la loi du plus fort est en vigueur, même lorsqu'il en va de la vie des salariés. Ainsi l'employeur finançant les visites médicales des salariés, les médecins ne peuvent bénéficier d'une totale liberté de mouvement.

Notons tout de même des exceptions, les personnes intègres existent. C'est le cas de mon médecin du travail par exemple, qui n'hésite pas à rédiger un courrier pour dénoncer ce que j'ai vécu dans mon entreprise. Elle écrit notamment, après mon arrêt de travail, que « la pathologie constatée durant cet arrêt de travail ne connaît pas d'antécédent dans le passé de la patiente et semble être en rapport avec des éléments évocateurs de harcèlement moral. Jusque-là très épanouie dans son poste de travail, elle me signale le déclenchement de troubles il y a quelques mois coïncidant avec l'apparition de problèmes relationnels graves avec sa hiérarchie ». Elle me demande même l'autorisation d'illustrer sa prochaine intervention avec mon cas, lors d'un colloque réunissant divers médecins du travail.

Quelque temps plus tard, Ernest Lenclume est élu président du CHSCT, grâce aux voix des syndiqués CFDT. Mais bien sûr ! Comment un représentant de la direction, connu pour son pouvoir disciplinaire qu'il utilise sans compter, pourrait-il représenter les salariés ? Interpelée, l'inspection du travail fait rapidement annuler sa désignation, au motif d'invalidité. Ouf !

En attendant, les pressions continuent de s'exercer dans les magasins, allant jusqu'à contaminer les réunions de comité d'entreprise. À mon grand étonnement, quelques élues CFDT se réveillent. Tout se passe comme s'il était de plus en plus difficile d'ignorer l'atmosphère nauséabonde qui se dégage de *Livres en délire*. Les élus CGT et quelques (rares) membres de la CFDT décident d'envoyer un courrier à l'attention de Baptiste Crampon, dans lequel ils se plaignent du comportement de Sylvia Galiente, la DRH, exigeant carrément son exclusion des réunions de comité d'entreprise.

Bien entendu je soutiens cette missive, atterrée par le comportement de Sylvia Galiente à qui j'ai déjà eu affaire et que j'estime mauvaise comme la teigne. Que dire d'une DRH qui ne connaît pas le droit en général et en particulier le droit du travail ? Et qui se paie le luxe d'être sarcastique en réunion plutôt que d'écouter les représentants des salariés, d'œuvrer pour leur confort ? Chaque fois qu'un employé se tourne vers moi pour me parler de Sylvia Galiente, je suis abasourdie. C'est à croire qu'elle prend un plaisir sadique à signifier leur licenciement aux salariés. Elle n'a pas un mot compatissant pour les personnes en face d'elle, au contraire. Ah ! Elle doit bien s'entendre avec Ernest Lenclume !

Le summum de notre entreprise est de convoquer les salariés à leur entretien de licenciement dans des cafés ou des cafétérias. Ces entretiens ou les évaluations annuelles se font en public…

À de rares exceptions près. Car il semblerait qu'en tant que membres protégés, Leila Tarek et moi par exemple avons eu le privilège d'être convoquées directement au siège, dans le bureau du *big boss*.

Je frissonne en pensant que l'on peut rencontrer des personnes comme Sylvia Galiente dans toutes les sociétés ou presque, qui usent et abusent de leur pouvoir, avec la caution de la direction. Je me demande ce que cette femme peut bien faire toute la journée dans son bureau pourtant surchargé de dossiers, de plaintes de salariés restées en souffrance, qui au bout du compte ne bénéficient que de la corbeille à papier.

Comme toutes les personnes de pouvoir à *Livres en délire*, Sylvia Galiente pratique le retournement de veste avec aplomb… Quand je disais qu'elle devait bien s'entendre avec Ernest Lenclume ! Ainsi, un matin, je reçois un courrier d'elle, m'accusant « de dégrader le dialogue social pourtant nécessaire à l'instauration d'un dialogue constructif ». Elle ajoute qu'il est inconcevable que les relations humaines ne soient pas fondées sur le respect et la politesse. Malgré moi, je laisse échapper un petit rire. En effet, Sylvia Galiente fait allusion à un micro-événement, qui apparemment compte davantage que l'ensemble des dysfonctionnements criants au sein de la société : je n'ai pas salué Ernest Lenclume comme il l'aurait fallu la dernière fois que nous nous sommes croisés.

Sans attendre, je rédige une réponse cinglante à l'attention de la DRH. Je lui spécifie que les locaux de la société où j'ai rencontré monsieur Lenclume ce fameux jour dans les bureaux du siège à Paris, sont en fait des toilettes non différenciées hommes-femmes. J'ajoute que la « bienséance aurait dû inciter Ernest Lenclume à attendre dehors, cette promiscuité n'étant pas idéale ».

Et, puisque j'ai été élue, peu de temps auparavant, membre du CHSCT, je décide de me positionner en tant que telle : « Je vous rappelle que dans ce local où travaillent des hommes et des femmes, un seul "cabinet d'aisances" est mis à la disposition d'un personnel mixte ce qui n'est pas conforme à la loi (art. R-232-2-5 du code du travail) qui précise que ces lieux doivent être séparés pour le personnel féminin et masculin. » Je conclus mon courrier en manifestant mon intention de saisir le CHSCT à ce sujet. Et toc, tel est pris qui croyait prendre !

Tout est à l'avenant. Les réunions entre la direction et les délégués du personnel s'enchaînent dans une ambiance désastreuse, dont la faute est immanquablement imputée à Leila Tarek et aux élus CGT, qui pourtant ne font que défendre les droits fondamentaux des salariés. Il est bien connu que seuls ceux qui courbent l'échine et ferment leur bouche sont bien vus… Jusqu'à quand ? Je me console en me disant que ce climat ne pourra pas perdurer.

Un jour, la direction a le culot de faire circuler un courrier en se donnant le beau rôle, et en encensant les élues CFDT pour leur participation efficace et sereine à la mise en place de l'accord sur la réduction du temps de travail (RTT). Évidemment, elles sont portées aux nues car ce sont les seules à dire *amen* à toutes les propositions de la direction, sans même lire le texte ni le comprendre d'ailleurs. L'accord sur les RTT est ficelé de toutes pièces avant même que les débats aient pu commencer et les élues CFDT jubilent. Forcément puisque « la main qui les nourrit » approuve, et que comme le dit Ernest Lenclume « on ne mord pas la main qui vous nourrit ». Diable, serions-nous revenus au temps des galères ? L'esprit critique a-t-il donc déserté les consciences ?

Madame Galiente va plus loin en affirmant que le CHSCT n'a pas de raison d'être, allant jusqu'à parler d'outil de protection de certains élus, et même d'outil polémique non constructif pour les salariés. Non constructif pour qui ? Pour Ernest Lenclume, furieux que sa désignation ait été annulée par l'inspection du travail ? Je suis effarée de voir à quel point le contrôle exercé par la direction prime sur le bien-être des salariés. Mais je n'ai pas d'autre choix que de continuer au mieux mon action.

Les élues CFDT sont finalement les seules à signer (les yeux fermés et une main attachée dans le dos) l'accord RTT soumis par la direction. De notre côté à FO et à la CGT, nous dénonçons cet accord, l'estimant incomplet. Les emplois ne sont pas garantis et les embauches prévues insuffisantes. La loi sur les 35 heures doit de toute façon s'appliquer, mais il est de meilleur ton pour la direction de montrer que les syndicats l'ont validée. Pour notre société, cet accord est une catastrophe : dès sa signature, 27 salariés sont immédiatement licenciés, rapidement suivis d'autres…

Pour faire passer la pilule, sans doute, la direction accepte la mise en place des Ticket-Restaurant dans l'entreprise, financés à 60 % par l'employeur et 40 % par le salarié. D'un autre côté, elle refuse de supprimer les fiches de poste établies à la tête du client. Voilà ce qui s'appelle noyer le poisson, car ces fiches sont proprement scandaleuses. Les salariés sont notés de façon très détaillée sur leurs capacités et compétences, concernant l'accueil, le conseil, la gestion des livraisons, etc. Eh oui, chez *Livres en délire* on veut des salariés hyperqualifiés mais hyper-sous-payés ! Et en plus il faut dire merci. Si vous n'êtes pas content, la porte est grande ouverte.

Un jour, une responsable me montre sa fiche de paie, en me demandant si le salaire est conforme : 950 euros ! C'est honteux, la direction ne respecte même pas la grille des salaires. Un petit échange de courriers sympathique arrange la sauce… Visiblement il faut insister pour être respecté.

Au fur et à mesure que je continue mon activité syndicale, au contact de salariés des quatre coins de la France, je me rends compte que ces derniers vivent peu ou prou la même chose que moi. On se croirait dans une cour d'école, où les licenciements et mises à pied se fondent sur des ouï-dire et des ragots de bas étage. Et pourtant, aussi invraisemblable que cela puisse paraître, cela fonctionne. La plupart des salariés n'osent pas demander d'aide et disparaissent dans la nature du jour au lendemain. Le turn-over[1] dans les boutiques, croissant, devient alarmant.

L'objectif principal de la direction est de rajeunir la population et de liquider les trentenaires. Quant à ceux qui ont passé la barre des 40 ans, ils n'ont aucune chance de rester très longtemps. La vingtaine est idéale : plus malléable, moins expérimentée, et

---

1. Entrées et sorties des salariés dans l'entreprise.

bien souvent peu soucieuse du droit du travail en regard d'une première expérience professionnelle. Mais si les jeunes arrivés acceptent davantage de choses, je les vois vite partir, eux aussi. L'ambiance est à la rupture de CDD. Plus le temps passe, plus je me demande comment fait le navire pour se maintenir à flot dans ces eaux hostiles…

En attendant, je vois bien que mon activité syndicale ne correspond pas à l'idée que s'en fait la direction. Je devrais probablement agir comme les membres CFDT, c'est-à-dire ne rien faire et surtout ne pas m'impliquer auprès des salariés. De fait, Sylvia Galiente m'adresse un jour un courrier simple cosigné par Ernest Lenclume, dans lequel on me reproche mes notes de téléphone, plus élevées que dans les autres magasins.

En effet, dans les 150 magasins de la chaîne, il n'y a pas forcément de représentants du personnel. Et les salariés étant disséminés partout en France, le seul moyen de communication reste le téléphone. N'ayant pas été directement élue déléguée du personnel mais désignée par ma fédération comme représentante syndicale au comité d'entreprise et déléguée syndicale, je ne dispose pas du même droit que les autres membres élus. Mes frais personnels, comme les communications depuis mon téléphone portable, ne me sont pas remboursés. La direction prend en charge mes déplacements dans le cadre de mes mandats pour rencontrer les salariés, pour le reste, c'est *niet*. Donc, comme le code du travail m'y autorise, je rappelle les salariés qui entrent en contact avec moi pour m'informer de leurs problèmes. Cela ne m'arrange pas franchement, il faut bien le dire, car je sais que la direction épluche la liste de mes appels passés depuis le magasin, cherchant à pister ceux qui ont l'audace d'aller se plaindre auprès de moi. Il m'arrive donc fréquemment de donner mon numéro personnel pour que la conversation soit plus sereine.

La direction cherche encore une fois à me mettre des bâtons dans les roues, mais, comme à chaque fois, je m'empresse de signaler à l'inspection du travail de Paris cette entrave à mes fonctions syndicales. Il n'en reste pas moins que ce système perverti me donne régulièrement la nausée. La vigilance est de mise, plus que jamais.

Le cas Valentine

Le 11 septembre 2001, jour des attentats aux États-Unis, je me rends à Lyon en qualité de représentante du CHSCT pour assister à l'entretien d'une salariée de *Livres en délire*. Secouée par les nouvelles d'outre-Atlantique, je suis encore heureuse de pouvoir faire quelque chose pour quelqu'un. Le lieu où nous nous sommes réunies, la salariée, sa représentante Annie Chemin, Sylvia Galiente et moi-même est glauque, impersonnel, il s'agit d'une cafétéria sans intimité. La salariée, déprimée, nous décrit ses conditions de travail pitoyables et les relations désastreuses avec sa collègue. C'est sans compter les piques acerbes que Sylvia Galiente lui lance... La salariée, accusée de mille fautes fondées sur des ragots de bas étage rapportés de façon anonyme et des bruits de couloir, me touche. Je ne connais que trop bien ces moments de solitude, je me sens triste pour elle. Rien n'est tangible dans les accusations portées contre elle, malgré tout, la procédure lancée n'est pas interrompue à la suite de l'entretien. La DRH lui envoie sa lettre de licenciement dans les jours qui suivent, sans chercher à trouver l'origine de cette situation de souffrance.

En octobre 2001, je suis alertée par un cas du même type que le précédent. Je décide donc d'aller voir cette salariée, Valentine, à Valence, en compagnie de quelques élus CGT. À peine sommes-nous arrivés, que Valentine nous rejoint. Elle est au plus mal, complètement désespérée, aux abois. Je sais que son magasin a été fermé du jour au lendemain, sans réelle explication. Transférée sur un autre point de vente, personne ne l'a aidée à s'intégrer dans la nouvelle équipe, elle semble être le vilain petit canard du groupe à qui l'on reproche tout. Schéma classique. À bout de nerfs, elle s'est mise en arrêt maladie et suit une thérapie. J'ai l'impression de me voir quelque temps plus tôt. Heureusement, la présence de mes collègues va me permettre de rester objective. Valentine s'est retrouvée parachutée dans un magasin où se trouvait déjà une équipe complète et une responsable. Difficile de manager quand on ne sait pas quels sont ses attributions et son rôle ! Valentine ne trouve pas sa place dans son nouveau lieu de travail. Le reste de l'équipe lui en veut d'avoir été parachutée du jour au lendemain et se ligue contre sa nouvelle manageuse. Son responsable régional ose même la menacer de présenter une attestation d'une de ses collègues contre elle. Les menaces, toujours les menaces… Cela marche si bien. Ainsi, Valentine se retrouve convoquée au commissariat, accusée d'avoir menacé de mort sa vendeuse. La police n'a heureusement aucun mal, au moment de la confrontation entre les deux personnes concernées, à démonter les accusations portées contre Valentine. La vendeuse a donc menti et la direction, qui a eu connaissance de la situation calamiteuse dans le magasin de Valentine, n'a pas jugé utile de constater l'ampleur des dégâts. Valentine a reçu un avertissement, elle a été condamnée sans être jugée.

Désormais, une personne peut donc être sanctionnée sur la base de simples racontars, sans aucun fondement légal. C'est grave, mais la direction compte toujours sur l'effet d'isolement des salariés qu'elle instrumentalise de plus en plus, sans vergogne. Face à la démonstration de la police qui démonte les propos de la vendeuse, la direction ne fait pas marche arrière, ne présente aucune excuse à Valentine, la laissant s'embourber dans cette affaire nauséabonde. Tout son entourage la pousse à démissionner. La voilà prise en étau, au bout du rouleau et incapable de lancer une procédure contre la direction. Comme moi.

Heureusement, notre intervention fait capoter la machine et, quelque temps plus tard, la direction se voit contrainte de réintégrer Valentine après un an d'arrêt maladie et des rebondissements douloureux. Quant à la vendeuse accusatrice, elle est finalement licenciée, pour la faute (avérée) d'avoir volé dans la caisse. Je suis heureuse pour Valentine, mais malheureusement, je sais que son cas est une goutte d'eau dans la mer. Mes collègues syndiqués et moi-même ne sommes pas informés de toutes les tentatives d'exclusion et de pression contre l'ensemble des salariés.

Parfois, nos interventions n'aboutissent pas, ou si peu. Voilà de quoi nous dégoûter de nous démener comme de beaux diables. Car par la suite, c'est sur nous que la direction tire à boulets rouges et même si l'on affine nos parades au fil du temps, on y laisse des plumes. Si l'on exerce correctement son mandat de représentant du personnel, on se « mouille » forcément pour les autres. Tout le monde ne se planque pas derrière ses heures de délégation à siroter tranquillement une boisson fraîche à la maison au lieu d'aller bosser.

Peu de temps après, les salariés d'un dépôt du Nord chargé de la logistique, réception et envoi des livres dans les magasins, me contactent. Ils m'informent de problèmes liés à leurs conditions de travail. En effet, après nous être rendus sur place, mes collègues et moi-même constatons que la sécurité des salariés au sein du dépôt n'est pas totalement assurée, les racks supportant des palettes de livres ne sont pas correctement fixés et représentent un réel danger. Les hauteurs des palettes dépassent également les limites de sécurité. De plus, le matériel de manutention n'est pas adapté aux besoins du site comme nous le font remarquer les salariés.

Outre l'aspect matériel, la direction change allègrement les plannings selon son bon vouloir, rendant toute vie familiale difficile à organiser. Les salariés, débordés, ne parviennent plus à suivre la cadence soutenue. L'état de fatigue général menace de conduire à une faute d'attention et de fait, à un accident. Mais ce qui semble désormais récurrent chez *Livres en délire*, c'est cette absence de dialogue, qui engendre de gros problèmes relationnels. Les salariés des dépôts se plaignent d'un manque patent de communication avec leur supérieur, qui se montre autoritaire et inflexible, leur imposant des cadences infernales et une pression quotidienne.

Les salariés ne peuvent même pas se faire régler leurs heures supplémentaires ou les récupérer puisque… leur chef dissimule tous les relevés d'heures ! Mes collègues et moi-même demandons donc l'intervention de la direction départementale du travail du site et de la médecine du travail. Il ne faut pas se leurrer, leur champ d'action est limité, soit leur implication n'est pas totale, soit la direction leur met des bâtons dans les roues en agitant le drapeau d'un licenciement général sur le site, sous prétexte que les frais d'amélioration sont trop élevés.

Malheureusement, nos actions se retournent contre nous. En effet, les salariés signent un document réfutant leur désir de changement des conditions de travail au sein de l'entreprise. La direction a encore mis la pression, et voilà le résultat… Navrant. Il faut dire que dans les « grosses » entreprises, cet argument imparable est fréquent : « Si vous commencez à trop me chercher, je ferme et j'envoie tout le monde pointer à l'ASSEDIC, c'est vous qui voyez. » Du coup, rien (ou si peu) n'est fait, au grand bonheur de certains employeurs peu scrupuleux. Mais le pouvoir de l'argent et de l'impact économique sur les régions est le plus puissant, le critère humain n'entre pas en ligne de compte. Alors un peu de pression sur les salariés, qu'est-ce que ça peut représenter face à tout ça ?

Mais je n'ai pas encore tout vu. Ainsi je découvre que notre entreprise fait mieux : elle emploie des salariés dans des magasins dits « précaires », qui se montent en fonction des besoins saisonniers d'une ville. Deux salariés m'informent de leur désarroi face à l'attitude méprisante de la direction. Ces pauvres femmes à qui l'on a bien évidemment fait miroiter un CDI dans un « vrai » magasin, ailleurs, ont accepté de renouveler leur CDD sous le statut d'intérimaire (donc pas employée directement par *Livres en délire*). Quelle n'est pas leur surprise en apprenant oralement à la fin de leur CDD, que rien ne leur sera proposé : « La porte est ouverte, merci et salut ! »

Pourtant ces deux employées ont tout enduré, les mauvaises conditions de travail dans un magasin délabré, des horaires sans coupures, une charge de travail importante et une responsable régionale qui fixe volontairement des objectifs de chiffres impossibles à réaliser, les privant ainsi d'une petite prime qui aurait pu arrondir leurs fins de mois.

Pourtant ces deux employées sont quand même bien gentilles, elles n'hésitent pas à faire quotidiennement, sur leur temps de repos, à tour de rôle, les six kilomètres qui les séparent de la banque (neuf kilomètres lorsqu'elles y vont depuis leur domicile) où elles déposent la recette du magasin. Et bien sûr ces frais de déplacement ne sont pas remboursés en totalité. Elles n'ont pas le choix. Enfin si, elles peuvent laisser l'argent caché dans un meuble dans le magasin, puisqu'il n'y a pas de coffre. Cependant la responsabilité des intérimaires est trop grande, elles ne peuvent prendre le risque de se faire voler l'argent. Ne serait-ce pas là une belle illustration de double contrainte[1] ?!

Le magasin fermant, aucune proposition de poste ne se profilant à l'horizon et la direction n'y étant pas tenue puisqu'elle ne s'y est pas engagée par écrit, les négociations de départ consistent donc à récupérer toutes les heures supplémentaires et les frais non réglés. Voilà quelle est la vision du travail chez *Livre en délire*. Gruger les gens, les exploiter, les manipuler et les mettre dehors, tout simplement !

J'en découvre tous les jours, il faut avoir un mental d'acier pour ne pas s'énerver. Un peu plus tard, des salariés apprennent par

---

1. La double contrainte exprime deux contraintes qui s'opposent : l'obligation de chacune contenant une interdiction de l'autre, ce qui rend la situation *a priori* insoluble.

un bruit de couloir qui circule dans la galerie où se trouve leur magasin, que ce dernier va bientôt fermer. Comble de l'ironie, le régional immédiatement contacté jure ses grands dieux qu'il n'est absolument pas au courant. L'une des vendeuses proche de la retraite n'y trouve rien à redire, tant elle est fatiguée par ses conditions de travail trop stressantes. En revanche sa collègue, désireuse de continuer, se retrouve parachutée dans un magasin où bien évidemment on ne veut pas d'elle… Ce qui n'est pas sans rappeler le cas Valentine. La situation, un peu trop pesante, l'amène à demander un autre poste. La direction lui rétorque alors que, n'étant pas mobile, soit elle reste sur ce poste, soit elle quitte l'entreprise, C.Q.F.D. La technique de réduction des effectifs de *Livres en délire* commence à être bien rodée.

La valse des départs

Malgré tout, j'ai réussi à stabiliser la situation de mon magasin. Mélanie a enfin obtenu un peu de reconnaissance de la part de la direction et reçoit une prime de 114 euros mensuels pour compenser mon absence pour raisons syndicales (qui lui serait immédiatement retirée si je n'exerçais plus mes fonctions syndicales). Par ailleurs, j'ai eu la possibilité de recruter un membre supplémentaire, une copine à moi avec qui tout se passe bien. Elle fait peu d'heures, certes, mais au moins je suis en confiance. Le nouveau responsable régional essaie bien de me mettre quelques bâtons dans les roues, mais cela lui est difficile, après tout ce qui s'est passé. En mon absence, bien évidemment, il vient pour critiquer le travail et l'organisation de mes collègues. Selon lui, mon équipe ne travaille pas assez vite. C'est sûr que décharger une palette de 50 cartons de livres, les pointer, les étiqueter, les placer et s'occuper en même temps de la surveillance du magasin et de l'accueil des clients, ne se fait pas en un temps record. Nous ne sommes pas des poulpes !

Pour une raison que j'ignore, la direction n'a pas dénoncé l'avenant à mon contrat de copilote produits. Je n'exerce plus de missions de cet ordre, puisque *Livres en délire* a décidé de me mettre en stand-by, pourtant je perçois toujours ma prime de fonction. La direction tente bien de l'oublier de temps à autre, mais je me rappelle à son bon souvenir.

En attendant, d'autres licenciements suivent, parfois les mêmes qui quelque temps plus tôt ont dénigré et fait licencier leurs collègues. Ils ont servi les intérêts de la direction, il n'est nul besoin de les garder plus longtemps, c'est trop dangereux.

Fin septembre 2001, je reçois un appel de Baptiste Crampon qui souhaite me rencontrer le plus rapidement possible, et ce dans le plus grand secret, à Paris : « Pas en amoureux mais presque », dit-il en se fichant de moi ! Il organise mon déplacement en avion et le 1er octobre, je me rends donc à Paris. Pas question de se voir au siège : nous nous retrouvons dans un petit café italien, le QG des patrons du coin à en juger par la clientèle de l'établissement. À l'abri des regards, dissimulé dans un recoin au fond du café non loin des toilettes, Baptiste Crampon joue la carte de l'apaisement.

Je m'aperçois vite qu'il veut savoir ce dont je dispose comme éléments pour ma défense : Baptiste Crampon souhaite connaître ma position face à la société *Livres en délire*. Je lui rappelle que malgré tout ce que l'on m'a reproché (à tort), j'ai toujours fait mon travail correctement au magasin et exercé correctement mon mandat syndical. J'ajoute que le tribunal d'instance a confirmé officiellement mes désignations. Baptiste Crampon, souriant, commence alors à aborder le sujet de la négociation de mon départ de l'entreprise. Prudente, je refuse de m'avancer et d'en discuter davantage avec lui. Baptiste Crampon me fait alors savoir qu'il me rappellera, afin de parler finances. Devant mon impassibilité, il tente une dernière sortie et m'annonce au moment de partir qu'une procédure prud'homale intentée par Jennyfer est en cours contre moi.

Je lui réponds que je suis étonnée de ne pas en avoir été informée personnellement, étant tout de même la première concernée. Je trouve étrange que lui, en revanche, soit si bien renseigné. J'ajoute que je suis prête à me rendre à toute convocation concernant ces prud'hommes, que je pourrai ainsi présenter les preuves des mensonges de mes anciennes collègues et faire ressortir le rôle déterminant d'Ernest Lenclume dans cette affaire. J'agite sous le nez de Baptiste Crampon mon épais dossier constitué au fil des jours depuis le 25 août 2000, celui qui relate dans le détail l'incohérence de ce que l'on me reproche. Pour autant, je ne le laisse pas approcher mes preuves. Je n'ai pas toujours été aussi assurée, mais après tous ces événements, je suis vaccinée et je connais mes droits !

Face à mon assurance, Baptiste Crampon me rétorque que cette affaire de prud'hommes est de toute façon l'affaire de la société, et non la mienne. Étrange, puisque je suis concernée ! Après cet échange, notre conversation ne s'éternise pas. Monsieur Crampon s'engage à me recontacter (ce qu'il ne fera jamais) et nous nous quittons « bons amis ». Pour ma part, je contacte mon collègue Florian de la CGT, afin de lui communiquer mon entretien avec la direction et je repars vers l'aéroport, direction ma maison. En rentrant, j'apprends que dans les heures qui ont suivi mon entretien, une proposition de même type a été faite à plusieurs salariés CGT (qui l'ont refusée).

La valse des départs ne s'arrête pas en si bon rythme. Mon ancien responsable régional, Thierry Bibard, y a droit lui aussi. La première fois, les tentatives de la direction pour l'évincer ont échoué, puisqu'il a finalement réussi à rester dans l'entreprise. Mais, un an après ce fiasco, la procédure reprend.

Baptiste Crampon, lors d'une visite dans le magasin de Thierry Bibard, se fait fort de relever d'improbables manquements graves, liés à la gestion du magasin et au management. Ainsi, Thierry Bibard se voit reprocher une importante démotivation, un laisser-aller de toute l'équipe, une mauvaise gestion des stocks, etc. Agacé par ces attaques, Thierry prépare sa défense en mettant en avant sa maîtrise de la gestion du point de vente (jusqu'à ce jour, personne ne lui a reproché quoi que ce soit). Puis il en profite pour pointer toutes les incohérences liées à un système de gestion inadapté dont l'ensemble des magasins pâtit. Par exemple, cette aberration qui consiste à surcharger les stocks de certains livres dans les magasins, mais de ne pas les assurer sur d'autres livres, tout aussi importants (le client n'est-il plus roi ?). De fait, les équipes se retrouvent fréquemment en rupture de stock sur de bons livres, en sachant pourtant que des palettes entières de ces mêmes titres dorment tranquillement dans les dépôts de la chaîne.

Mais nous ne maîtrisons plus rien, nous n'avons plus la possibilité de passer des commandes à l'exception de quelques-unes, spéciales, qui doivent être avalisées par le responsable régional et qui n'arrivent que rarement, voire jamais, dans nos magasins. En revanche, les nouveautés qui nous sont envoyées d'office décrochent le pompon. La plateforme nous expédie des livres dont personne n'a jamais entendu parler, dont le prix de vente est très élevé et le contenu souvent trop pointu. Nous autres vendeurs et responsables, nous retrouvons donc en position de vendre à nos clients des livres qui ne leur sont pas accessibles… C'est à se demander si *Livres en délire* ne cherche pas à faire fuir la clientèle !

Thierry met également en avant l'impossibilité, dans chaque magasin de la chaîne, d'établir un planning adapté. En effet, les livraisons des ouvrages, au lieu d'être étalées sur des jours fixes, surviennent à n'importe quel moment de la semaine, perturbant le travail de conseil des équipes. En conséquence, les salariés doivent traiter les commandes dans l'urgence et n'ont à disposition pour stocker qu'une réserve minuscule qui croule sous les livres.

Baptiste Crampon, attentif, propose alors à Thierry Bibard de changer de poste et de devenir préparateur de commandes, à quelques centaines de kilomètres de son domicile, tout cela avec une perte de salaire de plus de 500 euros. Merveilleux quand on a une famille et des enfants ! Thierry décline la proposition. Baptiste Crampon, fort mécontent, adresse une lettre le conviant à son entretien de licenciement.

Thierry encaisse, il s'attendait à un coup tordu de la part de son ancien « ami », mais cela lui fait mal malgré tout. Mû par la rancœur, il m'appelle et me demande si je peux l'assister lors de son entretien. Thierry fait un énorme pied de nez à la direction en faisant appel à moi pour le représenter. En effet, pas sûr que les patrons goûtent le tour ! Moi je me frotte déjà les mains, voyant cela comme une belle revanche. Et nous voilà préparant notre entretien, mettant en place notre stratégie de défense. Mon petit dossier est bientôt prêt. J'ai tout, même les chiffres d'affaires du magasin qui montrent une augmentation de 15 %

sur l'année (pas mal pour une équipe démotivée !). Je suis dans les starting-blocks lorsque je reçois un coup de fil qui fait retomber mon engouement.

Thierry m'informe que la direction sait qu'il a fait appel à moi et que s'il veut négocier son départ à l'amiable, je ne dois pas l'accompagner à l'entretien. Quelle bande de gueux ! Ils ne supportent pas que je m'introduise dans leurs petits bricolages. Je ne suis rien pourtant, je n'ai aucun pouvoir particulier (enfin pas que je sache), mais la direction sait qu'elle est en tort. Je demande à Thierry ce qu'il souhaite, lui. Il me répond qu'il en a assez de cette boîte, qu'il préférerait s'orienter vers autre chose. Visiblement, Baptiste Crampon est d'accord pour un arrangement amiable… Je conseille donc à Thierry d'agir en son âme et conscience, au mieux pour son bien et celui de sa famille.

Je reste cependant sur ma faim, car j'aurais bien aimé me le payer, « le Baptiste » ! Je me fais quand même un dernier petit plaisir lorsque Thierry, parti de l'entreprise, se retrouve à l'abri. Je saisis l'inspection du travail du secteur, les alertant sur l'état déplorable et dangereux du magasin où Thierry Bibard a exercé. Dans le courrier que je leur adresse, je ne lésine pas : plafond de la réserve qui s'écroule, étagères qui tiennent par l'opération de je ne sais quel Saint-Esprit, électricité défaillante qui surcharge quotidiennement le disjoncteur, système de chauffage aléatoire, rideau de fermeture qui n'a plus ni frein, ni serrure (la porte ouverte aux voleurs), etc., et j'invite l'inspecteur à se rendre dans le deuxième magasin de la ville, situé à cinq minutes de là, pour les mêmes raisons. Eh oui, le parc immobilier de la chaîne n'est pas bien vaillant. La direction n'apprécie pas du tout mon petit coup de pied dans leur fourmilière. Pour ma part, je m'en moque. Je vois bien que je deviens un peu revancharde, mais on le serait à moins. Après tout, la direction ne s'est pas gênée pour calomnier, moi j'utilise les armes légales et cela aide bien mes collègues.

Le harcèlement moral commence à faire boule de neige dans l'entreprise, les langues se délient, les accusations pleuvent. Les responsables régionaux sont majoritairement mis en avant. Le pire auquel je continue d'être confrontée, est l'incrédulité dont font preuve les salariés. Ils ont tout donné pour cette boîte, se dévouant sans compter et un jour, un homme ou une femme arrive et leur envoie un paquet de reproches en guise de remerciements. Pour les salariés, il doit y avoir une erreur, ces gens se trompent.

Je pense notamment à l'une d'entre eux, Jacqueline, qui prend sa plume pour interpeller Baptiste Crampon (si elle savait à qui elle a réellement affaire !). Elle me fait parvenir son courrier, que je trouve fort émouvant. Mais la direction y reste insensible et retourne à son avantage chacun de ses propos pour l'écraser un peu plus. Jacqueline rappelle son implication depuis 14 ans au sein de l'entreprise, où tout se passait très bien jusqu'à l'arrivée de son responsable régional, qui n'a eu de cesse durant deux ans de la menacer de « mutations-sanctions ». Informé de sa situation personnelle, il a parfaitement conscience de son impossibilité de se déplacer dans d'autres magasins et en joue. Il compte utiliser la clause de mobilité de son contrat pour la faire fléchir. Jacqueline tient bon. Un nouveau régional arrive, la situation s'apaise et la motivation de l'équipe revient au beau

© Groupe Eyrolles

fixe… Le calme ne dure que huit mois, le temps de remettre l'ancien régional en place, et la bête noire de Jacqueline reprend du service. Les méthodes ont bien changé. Le responsable régional revient à ses premières intentions, à savoir pousser Jacqueline à la démission. Pour cela il utilise une méthode peu reluisante mais bien rodée, il dialogue directement avec les vendeuses, les valorise, leur promet beaucoup sans jamais la consulter. À leur tour, les vendeuses se mettent à le renseigner sur les moindres faits et gestes de Jacqueline, sans bien sûr oublier d'inventer ou d'interpréter des situations à leur avantage.

Je constate une fois de plus que Jacqueline se trouve exactement dans le même cas de figure que moi, un an plus tôt. Les régionaux sont donc tous formés à cette méthode basse et condamnable ? Jacqueline explique que son régional modifie sciemment son emploi du temps et instaure dans le magasin un chaos inexplicable, où la responsable n'a plus son mot à dire, et où tout le monde la regarde de travers. Les conditions de travail se détériorent à la vitesse grand V. Une de ses vendeuses, la plus virulente et remontée, se vante devant l'équipe et les clients de son immunité face à la direction. La vendeuse va jusqu'à conseiller à Jacqueline de bien faire attention à elle, à ses gestes et actions car elle risque sa place. Cette dernière alerte son régional qui ne répond pas. Il laisse la sauce prendre et tourner avec le temps. Jacqueline est isolée, perdue, déprimée. Tout le monde se ligue contre elle et elle ne peut rien faire. Son responsable régional abat alors une nouvelle carte et lui retire subitement toutes ses responsabilités, livrant le magasin à son équipe. Jacqueline est mise au placard purement et simplement (comme moi). Jacqueline, ne sachant plus que faire, interpelle donc Baptiste Crampon pour qu'il trouve une solution à cette mascarade.

La réponse ne tarde pas, malheureusement ce n'est pas celle que Jacqueline attendait. Baptiste Crampon, comme à l'accoutumée, se charge du dernier coup sur la tête. Il répond que le responsable régional n'a fait que son travail. Ayant détecté chez elle une forte baisse de motivation, il a proposé à Jacqueline d'autres postes pour qu'elle puisse s'y épanouir. Mais d'après Baptiste Crampon, Jacqueline a fait une interprétation abusive de ces propositions, faisant ainsi obstacle à une recherche efficace de solutions. En gros, Jacqueline a l'esprit tordu, et son supérieur est un saint.

Beau retournement de situation là encore, n'est-ce pas ? Oh, mais Baptiste Crampon va plus loin, en lui rappelant que son régional, accompagné d'une « consœur » (c'est mieux à deux, le salarié est plus impressionné et se tient à carreau !), reproche à Jacqueline « une longue carence de (sa) part » en matière de management et de motivation. Il retourne habilement chacun de ses propos contre elle et la rabaisse, en suggérant une incapacité de sa part à résoudre cette mésentente grave qui perdure dans son magasin, et dont elle semble à l'origine.

Sa conclusion est sans appel : « La recherche de solutions doit passer par votre propre remise en question et non celle de votre hiérarchie sur le thème d'un "harcèlement moral" inexistant. Cette situation ne peut perdurer. Il est urgent de trouver une solution d'ici ces deux prochains mois. » Voilà ce qu'il en coûte, chez *Livres en délire*, de s'opposer à sa direction et d'essayer de faire valoir ses droits. Difficile de lutter face à autant de mauvaise foi, c'est le pot de fer contre le pot de terre. Jacqueline, trop dégoûtée par la réponse de Baptiste Crampon qu'elle admirait, préfère elle aussi jeter l'éponge et partir, sans se battre. La direction a gagné, encore une fois !

Je suis totalement impliquée dans mon combat syndical, je découvre tellement de situations odieuses que je ne regrette pas d'avoir accepté mes mandats de représentante et de déléguée syndicale. Au vu de ma propre expérience, je suis en mesure de recevoir les « vous n'allez pas me croire ça paraît un peu fou, je sais que c'est étrange, mais voilà il m'arrive ça et ça… ». Je ne sais que trop de quoi les salariés parlent.

Quand Corinne, une salariée, me sollicite, ce qu'elle m'apprend me donne la nausée. Cette salariée de 50 ans travaille depuis huit ans à mi-temps, dans un magasin dépendant du secteur d'Ernest Lenclume. Corinne élève seule ses deux enfants, par conséquent elle a absolument besoin de ce travail pour assurer le quotidien de la famille. Malheureusement, ne pouvant plus marcher, elle subit une intervention chirurgicale qui implique un repos total durant quelque temps. Qui dit arrêt de travail, dit manque de rendement, donc de rentabilité… Pour l'atteindre et la faire craquer, le service du personnel accumule les erreurs et les négligences, ce qui a pour effet de suspendre le versement des indemnités journalières de Corinne. La Sécurité sociale ne reçoit l'attestation de la direction ouvrant les droits de la salariée que deux mois après le début de son arrêt maladie. Manque de chance, une fois le document rempli, la Sécurité sociale perd le papier. Trois mois après, le service du personnel n'a toujours pas renvoyé à la Sécurité sociale ce précieux sésame. Corinne ne perçoit donc plus aucun salaire ou indemnités depuis quatre mois et vit avec 0,00 euros. La pauvre femme est au bout du rouleau. Pour la direction, elle est « à point ».

Je suis scandalisée, il faut agir et vite… Parce que, comme seule réponse à notre tentative d'opposition à ce licenciement, Ernest Lenclume rappelle l'obligation qui incombe à Corinne, à savoir : « stabiliser le magasin, l'équipe et la clientèle en remplaçant Corinne définitivement ». Point à la ligne. Mes collègues CGT et moi-même décidons de faire circuler une pétition de soutien en faveur de Corinne, puis nous alertons la direction et l'inspection du travail, avant de nous rendre sur place pour organiser une mini-manifestation, face au café où l'entretien de Corinne doit se dérouler.

Ernest Lenclume ne s'attend pas du tout à nous voir pointer le bout de notre nez. Le choc semble « brutal » pour lui, quand il voit arriver les quatre empêcheurs de tourner en rond que nous sommes, Leila, Florian, Annie et moi. Voilà que débarquent la CGT et FO réunis, chargés de tracts et de pétitions à signer. La presse a bien sûr été conviée et Leila Tarek fait un sprint digne de Carl Lewis pour interpeller monsieur le maire, qui se promène tranquillement dans les rues de sa ville. Pris au dépourvu, ce dernier prétexte une importante réunion et propose à Leila de prendre un rendez-vous auprès de son cabinet. Mais il signe sans se faire prier la pétition de soutien qui compte déjà une bonne centaine de signatures.

De mon côté je sillonne les rues, distribuant les tracts et expliquant la situation aux passants pour qu'ils nous rejoignent face au café où la pauvre Corinne se fait lyncher. La situation dérape un peu quand un passant passablement éméché apprend la nouvelle. Furieux, il s'avance vers Ernest Lenclume et l'affuble de noms d'oiseaux tous plus élégants les uns que les autres ! Heureusement, nous réussissons à le calmer et à le faire partir. C'est alors que la police arrive. Ernest Lenclume se précipite vers les forces de l'ordre pour les prévenir que nous perturbons le calme de la voie publique, avec notre incitation à la haine. Voyant nos têtes de « dangereux terroristes », les policiers repartent remplir des missions autrement plus importantes. Ernest Lenclume est encore plus en colère, il bout littéralement.

Lorsque nous retrouvons Corinne quelques minutes plus tard, elle culpabilise de s'être fait opérer. Nous la rassurons en lui expliquant que si elle n'avait pas eu vent de cet impératif médical, la direction aurait trouvé autre chose pour essayer de la débarquer. Ces propos n'échappent pas à la journaliste présente sur place, qui par la suite, reproduit plusieurs de nos déclarations dans l'article du journal local. Notamment, elle rapporte que « les salariés poussés à bout ne démissionnaient pas d'eux-mêmes, Monsieur Lenclume se chargeait de les licencier ». Bien sûr, Ernest Lenclume réfute cette idée, mais je suis contente : l'information est passée.

À la suite de cette affaire, la direction décide de rendre nos déplacements plus difficiles, afin de nous gêner dans l'exercice de nos mandats. Mes trajets vont donc être bien plus longs et fatigants puisque l'avion ne m'est plus permis, et je vais devoir me loger par mes propres moyens. Qu'à cela ne tienne, je ne renoncerai devant aucun obstacle !

Le travail et l'ambiance dans mon magasin restent au beau fixe, mais je ne vois pas beaucoup mon régional Nicolas Poupin. Il s'arrange pour passer quand je ne suis pas là, ou bien lorsque je suis présente fait comme si rien n'avait eu lieu. Moi, je n'ai pas oublié notre entretien dans la réserve, le jour de ma mise à pied, et un beau jour l'occasion de lui rendre la monnaie de sa pièce se présente…

Christiane, responsable de magasin dans le Languedoc-Roussillon, inapte à son poste, est convoquée à un entretien préalable pouvant éventuellement conduire au licenciement. Je me charge de l'assister et me rends sur place. Le ton est donné dès mon arrivée. Ernest Lenclume entend mener la danse. Les salariés du magasin me connaissent, ce n'est pas la première fois que nous nous rencontrons, mais malgré cela je constate un certain malaise lorsque je demande à accéder au registre du personnel en qualité de représentante du personnel et afin de compléter mes informations concernant le dossier de Christiane.

Très gênés, les salariés présents me répondent qu'ils ont reçu des consignes leur interdisant de me donner accès aux documents internes de l'entreprise. Tiens ! Tiens ! Mais qui donc a donné ces consignes ? J'ai ma petite idée mais je ne veux pas être accusée de tirer des conclusions hâtives. Les salariés me confirment un instant plus tard qu'Ernest Lenclume a été formel à ce sujet. Quelle surprise, je ne me suis pas trompée !

L'entretien promet d'être sportif. Ne souhaitant pas mettre les employés plus mal à l'aise qu'ils ne le sont déjà, je vais faire un tour dehors en compagnie de Christiane, en attendant l'arrivée d'Ernest Lenclume. Lorsque je reviens un moment plus tard,

Ernest Lenclume et Nicolas Poupin sont déjà là, raides comme des piquets, prêts à attaquer. Je me demande bien ce qui justifie la présence de Nicolas Poupin… La direction a peur de moi et elle a envoyé du renfort ?! Sans perdre de temps, j'évoque le problème du registre du personnel avec Ernest Lenclume, qui nie farouchement avoir donné de telles consignes. Puis il lance un regard assassin aux salariés, effrayés d'en avoir trop dit. Face à ma mine dubitative, il précise quand même que je me dois de demander au préalable à la direction l'autorisation d'accéder aux réserves des magasins. Faux ! Un délégué syndical jouit d'un droit de libre circulation dans toute l'entreprise et le contester constituerait une entrave à l'exercice de ses mandats… Telle est la réponse que je fais à mes supérieurs.

Si nous avions été dans une bande dessinée, j'aurais pu voir la fumée s'échapper du crâne légèrement dégarni d'Ernest Lenclume. Tentant de maîtriser au mieux ses nerfs (et de ne pas me coller la gifle qu'il rêve sans doute de me donner), il s'éloigne, son téléphone à la main. J'en profite de mon côté pour appeler directement la direction de l'entreprise et leur exprimer mon mécontentement face à l'obstruction dont monsieur Lenclume fait preuve à mon encontre. La DRH me confirme qu'il s'agit là d'un malentendu et que bien entendu je peux consulter le registre et visiter les magasins à mon gré. Parfait !

De son côté, Ernest Lenclume raccroche son téléphone et propose de débuter l'entretien. Où ça ? Dans la réserve, bien sûr. Fichtre, ça ne va pas être simple. Les uns collés aux autres dans deux mètres carrés, sans chaise ni table, au milieu du stock de livres… Finalement, non ! Je décline l'offre, qui n'en est d'ailleurs pas une. Toujours ce problème prétendument insoluble, où réaliser les entretiens de licenciement ? Les locaux des magasins ne s'y prêtent pas tous, soit. Dans ce cas, pourquoi ne pas convoquer le salarié directement au siège en lui payant ses frais de déplacement et de logement, pour que son entretien se passe dans les meilleures conditions possibles ? Ce serait trop confortable peut-être ?

Finalement, l'entretien se déroule dans un café. Mais pas dans celui qui se trouve à proximité du magasin, non, Nicolas Poupin informe Ernest Lenclume que le patron du café connaît très bien Christiane et lui conseille donc d'aller plus loin. Des fois que le gérant du bar vienne au secours de Christiane, sait-on jamais… Courage, fuyons. En plus de dénoter leur manque de confiance criant, une telle attitude fait jaillir un sérieux doute sur le bien-fondé de ce licenciement à venir. Soyons réalistes, même si le code du travail indique bien qu'au moment de l'entretien préalable l'employeur ne doit pas avoir arrêté sa décision, c'est à chaque fois le cas. Pour l'employeur, cet entretien n'est qu'une formalité, il sait déjà qu'il va tout mettre en œuvre pour se débarrasser de l'employé.

L'entretien débute et après avoir récapitulé les échanges de courriers, Ernest Lenclume propose à Christiane deux reclassements dans l'entreprise : l'un à l'autre bout de la France comme employée de manutention, l'autre comme vendeuse à temps partiel à plusieurs centaines de kilomètres de son domicile. Christiane refuse les deux propositions, Ernest Lenclume quant à lui confirme que la situation ne peut durer plus longtemps et que le licenciement s'impose. Je mets en avant les raisons qui justifient les refus de Christiane : l'éloignement, la séparation familiale qu'impliquent ces mutations, et le problème immobilier résultant d'un récent achat dans la ville de résidence de Christiane. Puis je demande pourquoi la direction n'a jamais répondu à la demande de la médecine du travail d'aménager le poste actuel de la salariée.

Ernest Lenclume balaie en cinq secondes les arguments et réaffirme le refus de la direction d'aménager le poste actuel de la salariée, arguant qu'elle ne peut pas embaucher un autre vendeur pour suppléer aux incapacités physiques de Christiane (comme lever les colis par exemple). Le magasin ne pourra supporter le coût économique de cette embauche. Je propose alors de réaménager le planning horaire de la salariée, pour qu'elle ne soit pas seule au moment des livraisons, ce qui résoudrait l'ensemble des problèmes puisque cela ne l'empêcherait pas de procéder aux mises en place de la marchandise à son rythme et de conseiller les clients. Là encore, Ernest Lenclume refuse un tel aménagement. Pourquoi ? Mystère… Tout l'entretien est à l'avenant. À chaque fois que je propose une solution, Ernest Lenclume la conteste, révélant ainsi de sérieux manquements de la direction, y compris dans la connaissance du dossier de la salariée.

Alors que l'entretien touche à sa fin, avant de nous séparer, Nicolas Poupin qui n'a pas ouvert la bouche une seule fois tient à « exprimer son incertitude quant à l'exemplarité de Christiane ». Je bondis. Interloquée, je lui demande de préciser son propos. Tout content, il ajoute que, du fait de l'impossibilité de Christiane d'accomplir les tâches quotidiennes de manipulation au sein du magasin, elle ne serait pas un exemple pour le reste de l'équipe.

À ces mots, je démarre au quart de tour. Je lui jette à la figure que ses propos sont purement et simplement discriminatoires à l'encontre de Christiane, qui souffre d'un handicap lié à son accident de travail. Je rappelle également que la loi oblige l'employeur à engager des personnes souffrant précisément d'un handicap. À la suite de cette remarque, je ne peux que constater la position de la direction à ce sujet, en l'espèce un refus total de faire appel à du personnel handicapé. Furieuse, je menace d'en référer aux autorités compétentes.

Ernest Lenclume, blanc comme un linge, intervient et insiste pour que cette remarque « fâcheuse » de Nicolas Poupin ne soit pas prise en compte. Il s'agit là d'un simple malentendu. Un malentendu, oui, ça me semble limpide ! J'informe les deux nobles représentants de la direction que non seulement cette remarque apparaîtra dans mon rapport d'entretien, mais que je compte également l'adresser à la direction du ministère du Travail. Nicolas Poupin n'en mène pas large. De mon côté je suis ulcérée. Je savais déjà que la direction ne voulait pas des vieux, ni des expérimentés, mais j'ignorais qu'elle considérait si peu les handicapés ! Pourquoi cela m'étonne-t-il ? Il n'y a plus rien d'humain chez *Livres en délire*, plus rien hormis les salariés que je me promets de continuer à défendre du mieux possible.

Tandis que je me démène pour éviter ou tout au moins perturber les procédures de licenciement des salariés, j'ai connaissance de rumeurs à mon sujet. Un jour, pratiquement deux ans après la tentative de licenciement dont j'ai fait l'objet

à la suite de propos calomnieux de la part de deux de mes collègues, Annie[1] m'appelle en me disant que je dois me renseigner
au plus vite, car Baptiste Crampon l'a informée qu'un jugement a été rendu, à mon encontre, aux prud'hommes. Je n'en
crois rien : personne ne m'a convoquée, je n'ai rien reçu. On ne
peut quand même pas accuser les gens sans les entendre !
Annie insiste, Baptiste Crampon semblait réellement sûr de
lui. *Mesfisanço*[2] !, me dis-je. J'adresse donc une demande aux
prud'hommes de la ville, leur demandant de me transmettre,
s'il existe, le jugement concernant ma société et j'indique le
nom de mes anciennes collègues Rosalie et Jennyfer. Dans un
premier temps, le greffier ne peut accéder à ma demande car
mes éléments ne correspondent à aucun intitulé dans ses
dossiers. Mon entreprise a la particularité d'être constituée de
plusieurs sociétés, donc au lieu d'indiquer le nom générique de
l'entreprise sur le plan national, je lui communique le nom de
la société dont je dépends dans le Sud. Bingo ! Le greffier
m'envoie le jugement.

En le lisant, je découvre que seule Jennyfer a attaqué la société
aux prud'hommes, demandant la requalification de sa démission en licenciement, au motif que je l'ai harcelée. Elle avance
toujours les mêmes arguments infondés… Le plus incroyable,
c'est que mon nom apparaît à chaque page, je suis citée partout
et pourtant personne ne m'a convoquée. Je tombe des nues.
Dans le compte rendu, la direction ne prend même pas la peine

1. Annie Chemin, déléguée du personnel CGT.
2. *Mesfisanço !* signifie *attention* en provençal.

© Groupe Eyrolles

de présenter des arguments, les passant sous silence. Tout semble convenu. En conclusion, je vois que Jennyfer a reçu une grosse, très grosse somme d'argent. L'idée qu'elle va enfin pouvoir rembourser son crédit, en échange de ses bons et loyaux services se fait jour… La plaie, encore à vif s'ouvre davantage dans mon cœur. Moi qui croyais en avoir fini avec cette histoire, je découvre que dès la fin 2000, soit juste avant le jugement rendu par le tribunal d'instance en ma faveur, Jennyfer a engagé cette action contre moi. La direction n'a pas été honnête, elle n'a même pas présenté le jugement du tribunal d'instance aux membres du conseil des prud'hommes, la première fois qu'ils ont voulu me licencier. Je me sens triste en repensant à mon ancienne collègue et à sa trahison.

Préoccupée, je demande à l'une de mes connaissances, qui travaille au tribunal et a des contacts avec les prud'hommes, de se renseigner sur mon affaire. Ce qu'elle m'apprend me sidère : le président de la commission des prud'hommes chargé de mon dossier devant partir définitivement au mois de septembre de cette année-là, après avoir soldé ses congés d'été, a « expédié » la majorité des dossiers sur lesquels il devait statuer. Mon cas n'est donc pas le seul et de nombreux salariés dans leurs droits n'ont pas dû comprendre pourquoi ils n'ont pas obtenu gain de cause. Tout un système à revoir… Je me demande ce que les autres membres de la commission ont fait, pourquoi n'ont-ils pas réagi ? La direction est sans doute passée par là et entre « patrons », ils se sont mis d'accord pour « laisser couler », enfin c'est ce que je suppose. Si c'est le cas je doute de l'utilité et de l'impartialité de cet organe, mis à la disposition des salariés.

Déjà que les délais pour juger une affaire sont longs, alors si en plus les cartes sont pipées dès le départ, où va-t-on ? En effet, aux yeux de la justice, Jennyfer n'aurait dû avoir aucun recours contre moi puisque, en qualité de responsable à l'époque, je n'avais aucun pouvoir disciplinaire. C'est donc la direction qui est attaquée aux prud'hommes, comme me l'avait laissé entendre Baptiste Crampon… Certes ! Mais je suis citée dans le jugement, j'aurais dû par conséquent être prévenue !

Mon affaire étant trop ancienne, je n'ai plus la possibilité de faire appel auprès des prud'hommes. Mon seul recours serait d'attaquer sur le plan pénal. Mais avec quel argent ? Je n'ai pas de fortune personnelle et les avocats ne sont pas des bénévoles. Pour aller au pénal, il faut un avocat « costaud », qui sait de quoi il parle. Cette pénible injustice semble donc définitivement scellée, alors qu'une salariée s'en est mis plein les poches sur mon dos. Je me dis que la roue tourne et, que ce soit sur terre ou ailleurs, les menteurs devront rendre des comptes. Quand ce jour arrivera, je ne cache pas que j'aimerais bien être là pour compter les points. Décidément je ne serai jamais riche. Mais si l'honnêteté ne nourrit pas, au moins je peux me regarder dans un miroir sans rougir.

Je ne peux pas dire que cela me fasse plaisir de savoir que je traînerai ce boulet jusqu'à la fin de mes jours. Au contraire, cela m'a énormément affectée et aujourd'hui encore j'ai du mal à comprendre, à accepter. Défendre les salariés a été mon recours, ma façon de réparer l'injustice dont j'ai été victime. Mais dans le fond je sais que cela ne changera rien à mon histoire personnelle et à la blessure qui subsiste de cette trahison. Parfois, il m'arrive de chercher des excuses à Rosalie et Jennyfer. Je me dis qu'elles étaient dans une situation financière assez grave, et que la direction de l'époque, pourrie comme elle l'était, s'en est servie. D'un autre côté si elles avaient été vraiment intègres, vraiment amies avec moi, elles ne m'auraient pas fait ce coup-là. Quand je les croise dans la rue aujourd'hui, car notre ville n'est pas bien grande, elles n'hésitent pas à me narguer. Je les trouve très hautaines, elles me toisent et me jettent un regard moqueur qui semble vouloir dire « tu t'es bien fait avoir ! ». C'est sûr, je ne l'ai pas vu venir. Mais un jour, la raison leur reviendra peut-être et tout ce que je demande, si elles viennent frapper à ma porte, c'est qu'elles me disent la vérité, qu'elles expriment un regret, tout simplement.

Quand le navire coule...

La société va mal, très mal, à qui la faute ? On s'en serait douté face à une gestion déplorable et une nouvelle politique inadaptée à notre système de vente. L'entreprise *Livres en délire* ayant été rachetée pour une bouchée de pain, nos repreneurs n'ont jamais eu pour ambition de nous garder longtemps dans leur giron. Nous faisons tache au milieu de leur chaîne de magasins axée sur le textile ou la déco. Nous n'avons été que des fusibles. L'avantage de cet achat pour des spéculateurs réside dans la localisation des magasins, tous situés dans des emplacements dits « numéro 1 », c'est-à-dire en plein centre-ville, sur l'axe le plus passant et le plus commerçant. À cet égard, nos magasins valent de l'or.

Les représentants du personnel CGT et FO ne cessent d'interpeller la direction sur les comptes de plus en plus mauvais (quand ils ont la chance de pouvoir y accéder), sur les licenciements, les fermetures... Nous informons régulièrement les salariés qui restent dubitatifs. Au fond d'eux, je pense qu'ils savent que nous avons raison, mais ils ne veulent surtout pas bouger, se mobiliser, par crainte d'être les premiers à être licenciés ou de peur de s'attirer la poisse.

Au cours de la dernière année, la situation devient pesante, glauque. Nous, les syndiqués, agitons des chiffons rouges mais personne ne réagit. La direction tente alors un coup d'éclat pour redorer son image et surtout gagner encore quelques mois pour mettre en place son plan de liquidation. Nous n'arrivons pas à mettre au jour la partie immergée de l'iceberg.

Un beau matin, les responsables de magasin, le personnel des bureaux et les cadres, sont aimablement conviés à un séminaire à Euro Disney… Oh, génial ! Nous allons passer deux jours mémorables au pays de Mickey, le rêve pour des adultes ! Franchement, la direction n'a pas trouvé mieux que d'accorder deux jours de farniente dans un parc de jeux ? Il y a de quoi alimenter le site internet tenu par Florian ! La direction ne s'est pas moquée de nous, elle nous loge au Sequoia Lodge, magnifique hôtel sur place, dans une chambre immense avec deux lits pour une personne. Ah oui, on fait les choses en grand ou l'on ne les fait pas.

Le service du personnel nous demande si nous souhaitons partager nos chambres, et comme beaucoup d'autres je refuse, car le temps de la colo est révolu ! Du coup j'hérite d'une grande et très coûteuse chambre… Une honte. Des billets donnant accès aux deux parcs nous attendent à l'accueil, et le soir nous avons quartier libre pour nous promener et visiter aux frais de la princesse.

Pendant ce temps, les équipes en magasins doivent se surpasser et vendre le plus de livres possible pour espérer s'approcher des objectifs du mois. Le séminaire n'est que de la poudre aux yeux, on nous parle de projets d'avenir, de politique de vente plus percutante, d'affiliation pour susciter les envies des salariés de devenir gérants de leur librairie, donc plus autonomes, plus « libres » (tu parles !). Ces réunions se déroulent dans un bâtiment luxueux qui me rappelle un peu celui de ma première réunion à Paris, mais en puissance dix de buffets, de repas haut de gamme, tout cela avec un service aussi pompeux que le cadre qui m'entoure. Les pièces ressemblent à des halls de gare avec des boiseries magnifiques et des sièges qui vous engloutissent. Mais ce n'est que poudre aux yeux, je le sais bien. Ce que veut la direction, c'est endormir les salariés, calmer leurs inquiétudes sur leur avenir.

Tout cela se déroule dans la bonne humeur, à tel point que chacun est invité à prendre place pour la photo de groupe géante. Tous sauf moi, bien évidemment. Je préfère m'éloigner pour ne pas cautionner ce simulacre. Agacé, Ernest Lenclume part à ma recherche. Visiblement, il tient à ce que je sois sur la photo… Peut-être pour faire remarquer ensuite aux salariés que j'en ai bien profité aussi ? Eh bien non, il n'est pas question que je pose. Ernest Lenclume est vert de rage, mais il me dit simplement d'une voix fielleuse que je ne joue pas le jeu, que je n'ai pas envie de faire partie de la famille. Pour moi la situation actuelle de la société est tout sauf un jeu en effet. Nous sommes 500 employés, susceptibles de perdre nos emplois. Quant à la famille, j'en ai déjà une. J'ajoute à l'attention d'Ernest Lenclume qu'il a bon dos de me dire cela après tout ce qu'il m'a fait subir. Et toc !

Les jours suivants, je continue à informer mes collègues de ce qui se dit en réunion. Grâce à Florian, tout est mis sur le site dans les minutes qui suivent. Au moins les salariés peuvent-ils être au courant en temps et en heure de ce qui se trame. Au retour du séminaire, les responsables de magasin reviennent gonflés à bloc auprès de leurs équipes, la tête pleine de projets, bien décidés à faire « péter le tiroir-caisse », comme le dit si joliment Baptiste Crampon.

Peu de temps après, ces mêmes équipes apprennent que la société est mise en liquidation, c'en est fini de notre belle et scabreuse enseigne. Un autre combat s'annonce, celui de préserver les emplois. La société a accumulé des millions de dettes, les réunions sont houleuses. Mes collègues syndiqués et moi-même souhaitons communiquer l'information directement aux salariés, mais la direction nous interdit de dire le moindre mot là-dessus. Nous avons l'ordre d'attendre 24 heures, le temps que la direction dépose le dossier au tribunal de commerce. Les élues CFDT et même une nouvelle adhérente FO avec qui je partage les mandats de représentants du personnel pour avoir plus de poids au comité d'entreprise acquiescent, trouvant normal de ne pas perturber les salariés et de les laisser continuer à vendre et à faire grossir les chiffres d'affaires. Pour qui ? Pour quoi ? Pour ne pas nuire à nos chances d'être repris. Ah ! oui et par qui, dans quel secteur d'activité, avec quelles garanties pour l'emploi ? Personne ne peut nous répondre.

Cette affaire prend une mauvaise tournure. Comme quoi, les taupes peuvent être dans tous les rangs. La réunion s'éternise mais nous avons bien compris le plan : la direction veut nous tenir enfermés là pour que nous n'ayons pas le temps de divulguer l'information. Mais c'était sans compter les nouvelles technologies. Avec un de mes collègues CGT, nous envoyons en avant-première un sms à l'AFP pour les alerter sur la situation désastreuse de la chaîne. En moins de temps qu'il ne faut pour le dire, l'information est reprise sur les chaînes de radio et dans la presse. Les salariés sont désormais au courant. Cela est un choc pour eux, mais qu'aurais-je dû faire, leur cacher la vérité et les mettre devant le fait accompli ? Bien sûr qu'il aurait été préférable de les informer autrement, mais personne ne voulait leur dire la vérité…

Mon collègue et moi, toujours retenus dans la salle de réunion avec les autres membres du comité d'entreprise, en prenons pour notre grade. Les élues CFDT se déchaînent sur nous, criant qu'elles vont nous « faire la peau ». Ce qui suit est assez violent, on nous accuse d'avoir fait fuir les repreneurs, du grand n'importe quoi. Ma nouvelle et merveilleuse collègue FO s'associe d'emblée avec la CFDT (étrange, ne se serait-elle pas trompée de syndicat ?) et appelle FO pour leur dire que j'ai commis une énorme boulette en n'obéissant pas aux consignes de la direction et qu'à cause de moi le plan de maintien de l'entreprise, qui tendait soi-disant à sauver les emplois, est en péril.

Rapidement, notre groupe, puissant, réussit à museler les médias et la liquidation suit son cours sans que quiconque ne vienne à l'aide des 500 salariés, qui vont pourtant se retrouver à la rue. Nous sommes dans une situation plus que précaire, le paiement des salaires est différé le temps de permettre au régime de garanties des salaires (AGS) de prendre le relais. Du coup, nous devons jongler avec nos dépenses personnelles, négocier avec le banquier pour différer les échéances du loyer, des factures, une vraie galère en somme.

Et pendant ce temps Baptiste Crampon a le culot d'aller se présenter devant le juge et de demander l'autorisation de partir à l'étranger, où une opportunité professionnelle l'attend. Les rats quittent le navire. Lorsque je lis le jugement, je constate que le juge se félicite d'avoir sauvé un emploi… Et quel emploi, celui de l'homme qui nous a mis dans cette panade ! Bravo, belle mentalité !

L'issue est inéluctable, malgré tout nous la retardons en mettant à jour les manœuvres et projets de la direction. Mais plus les jours passent, plus j'ai le sentiment de m'être épuisée pour rien, d'avoir brassé de l'air inutilement, de m'être battue contre des moulins à vent. Le combat était perdu d'avance.

Les 132 magasins (nous en avons déjà perdu un bon paquet) sont dépecés et vendus aux plus offrants : maroquinerie, téléphonie, cosmétique… De quoi se demander où sont passés les livres, s'ils ont vraiment compté un jour. À peine repris, selon la clause stipulée dans le contrat de maintien de l'entreprise, les salariés de *Livres en délire* sont mis à l'écart. Les responsables se retrouvent au placard, et leurs nouvelles hiérarchies les incitent à faire des abandons de poste. La pression est telle que les salariés repris ne tiennent guère longtemps. Les arrêts maladie pleuvent, et sont bientôt suivis de démissions.

Informés de cette situation catastrophique, nous autres syndiqués alertons la direction en réunion. Bilan : tout va bien, c'est la faute des salariés qui ne se sont pas adaptés. Leur en a-t-on seulement laissé le temps ? Les écervelées de la CFDT ne

160

trouvent rien à redire, elles sentent le bouillon arriver, mais elles ne veulent pas faire partie de la prochaine charrette qui les conduira tout droit au Pôle Emploi. Les repreneurs suivants essayent de la jouer plus fine. Ils rencontrent des membres du comité d'entreprise pour montrer leur volonté de tout faire pour intégrer les quadras de *Livres en délire*, proposent un blog accessible à tous pour discuter concrètement avec les salariés, les rassurer et leur apporter toutes les réponses dont ils ont besoin. En bref, ils jouent la transparence. T'as qu'à croire. Les salariés vont être transférés d'office sur les nouvelles enseignes. Légalement, c'est tendancieux car nous ne sommes pas sur le même secteur commercial. Cependant, les salariés acceptent tous, de crainte de se retrouver au chômage.

L'inspection du travail veut bloquer mon transfert mais je demande à ce qu'elle me laisse aller vers l'autre enseigne, histoire de voir ce qui va se passer (et puis sur Nice, le travail ne court pas les rues). L'opération séduction de cette enseigne a bien fonctionné, les salariés sont rassurés. Pourtant, rapidement, même les plus motivés commencent à fléchir. Ils ne parviennent pas à suivre le rythme. Ils ont été propulsés dans un autre monde, avec une autre clientèle, et ce qui devait arriver arrive : une grande majorité baisse les armes. Je réussis à être désignée déléguée syndicale dans cette chaîne de magasins (pour voir ce qu'il s'y trame) et je découvre rapidement le taux croissant du turn-over. Les gens ne restent pas longtemps et on ne cherche pas à les fidéliser.

De notre côté, il est clair que nous n'avons pas le profil recherché, nos connaissances dans ce domaine sont limitées et nous sommes « trop vieux », il faut bien l'avouer. Les acheteurs sont des jeunes et veulent prendre conseil auprès de vendeurs auxquels ils peuvent s'identifier. Le discours n'est plus « nous sommes une grande famille » mais plutôt « nous sommes tous potes ». Au fur et à mesure, j'apprends que mes anciens collègues sont soit en arrêt maladie, soit démissionnaires. La reprise n'a été que de courte durée, c'est inévitable malheureusement. De mon côté, je décide également de partir. Je n'accroche pas, le produit me débecte, j'ai horreur des jeux vidéo, ma place n'est pas ici.

La société *Livres en délire* existe toujours aujourd'hui, parce qu'une ancienne salariée, Annie, est toujours en procédure contre la direction pour licenciement abusif, à la suite d'un accident de travail. D'une certaine façon, elle fait payer la direction pour nous tous. *Livres en délire* ne peut pas encore tourner la page, moi je le fais avec ce livre. Annie a du cran, les derniers représentants de la boîte refusent de lui donner gain de cause. Les documents en sa faveur sont plus qu'éloquents, le juge des prud'hommes ne s'y est pas trompé, il a validé la demande d'Annie jugeant son licenciement abusif. Et pourtant après de longues années de procédure, ils font appel. Ils savent Annie affaiblie par son accident, fragilisée psychologiquement, donc ils font traîner les choses pour la faire craquer. Mais nous la soutenons Florian et moi dans ses démarches, sans oublier son avocate qui vaut de l'or. Mais jusqu'au bout, la direction méprise les salariés. Les anciens dirigeants peuvent-ils encore se regarder dans une glace ? Je me le demande.

Naviguer en eaux nouvelles

Heureusement il y a un après à *Livres en délire*. Ayant anticipé mon départ en préparant mon projet de création d'entreprise, je m'installe à mon compte (micro-entreprise) en qualité de conseil en rédactionnel, écrivain public et biographe.

Malheureusement, les charges étant trop élevées, je juge vite plus raisonnable de renoncer à mon projet. La clientèle existe, mais les taxes aussi et pour des raisons administratives, je ne peux envisager de passer à l'auto-entreprenariat. Qu'à cela ne tienne, je me dis que j'y reviendrai, avec une nouvelle formule… Et que le jour où je déciderai de m'ancrer dans ce domaine, je me consacrerai aux biographies, à l'aide à la rédaction de romans et aux ateliers d'écriture.

En attendant je dois trouver autre chose. Faute d'emploi dans ma ville, je tente ma chance dans le domaine de l'aide à la personne. L'idée n'est pas brillante au vu de l'état de mon dos, mais dans l'immédiat je n'ai pas le choix. Ce métier m'est familier puisque j'ai travaillé deux ans en maison de retraite, il y a bien longtemps.

Au bout d'un mois je détecte un nombre incalculable de problèmes dans l'association qui m'emploie. Les salariées sont des pions, tenues à une grande disponibilité, joignables à chaque instant même pendant une période de repos ou de congé. Les temps de pause sont inexistants, en dépit du créneau prévu à cet effet sur les plannings. Quant aux temps de trajet pour aller d'un client à l'autre, ils ne sont pas pris en compte dans les heures de travail. Ah ça ! Pourtant chaque employée met en moyenne 20 minutes, voire 30, pour se déplacer d'un domicile à l'autre. D'où la disparition du temps de pause, peut-être…

Les salariées voient leur planning changer constamment, on ajoute des personnes à leur liste de visites, même si leur quota d'heures est dépassé. Et il n'est pas question de refuser, c'est très mal pris. Pourtant, j'en entends des choses. Les salariées, souvent fragilisées dans leur situation personnelle, se mettent en maladie ou partent. Mais la plupart, prises à la gorge par des crédits ou craignant de ne pas trouver un autre emploi, subissent ces contraintes au détriment de leur vie privée. Cela me rappelle de mauvais et frais souvenirs.

De mon côté je n'accepte pas et, reprenant naturellement mon cheval de bataille syndical, j'informe la direction que les temps de trajet devraient être comptabilisés de façon cohérente. Ma demande est écoutée, malheureusement les responsables des plannings n'apprécient pas vraiment de s'être fait remonter les bretelles. Habitués à ce que personne ne se rebelle, ils m'ont désormais dans le collimateur.

Je demande à ne pas dépasser ma base horaire à temps partiel, de peur que mon dos ne flanche. Ma requête ne passe pas, l'essentiel est ailleurs : remplir les cases des plannings ! C'est comme ça, à moi de prendre ou de laisser, me répond-on.

Lors du bilan mensuel avec la direction, je souligne malgré tout cet aspect de l'organisation que je juge regrettable. Les salariées doivent être disponibles, souples et conciliantes, mais les responsables des plannings ne doivent tenir aucun cas du facteur humain ? Les rendez-vous personnels doivent être signalés à l'avance pour que l'on n'insère pas un nouveau client dans le planning, d'accord, mais quid de la vie privée ? J'estime que lorsque le nombre d'heures est atteint sur le planning, nous avons le droit de nous organiser comme bon nous semble parce que là, on est à la limite du « flicage ».

Les salariées ont le droit de refuser quatre missions, et c'est tout ? Si l'on a grillé ses cartes trop rapidement et que l'on a besoin de récupérer, il n'y a pas de deuxième chance ? Les clients eux-mêmes rouspètent sur l'organisation aléatoire, les personnes auxquelles ils sont habitués sont remplacées du jour au lendemain, les horaires sont modifiés sans que leur avis ne soit pris en compte. Ils n'ont droit qu'à une petite information donnée par téléphone, et encore, quand le personnel y pense. Eux aussi subissent. C'est paradoxal pour un organisme qui veut obtenir un label qualité et qui se revendique dans le champ de l'aide à la personne.

Et que dire du fait que l'on envoie un agent à domicile (à traduire par une femme de ménage) en lieu et place d'une auxiliaire de vie, s'occuper d'une personne atteinte de la maladie d'Alzheimer ou carrément en fin de vie ?

Il y aurait tant à faire là encore. Ce dont je peux attester, c'est que la médecine du travail s'implique réellement, notamment pour que les salariées aient une nouvelle paire de gants pour chaque client (utiliser la même paire de gants par an pour soigner 11 ou 13 clients par mois, ce n'est pas le top, avouez !).

Pour ma part, je décide d'arrêter et une nouvelle fois, de ne pas cautionner. J'aspire à naviguer dans de nouvelles eaux. *Livres en délire* est bien loin derrière moi désormais et je saurais comment me défendre si un jour le harcèlement devait pointer son nez à nouveau. Je garderai toujours un goût amer dans la gorge, notamment à cause de ce jugement prud'homal rendu à mon encontre, en dépit de toutes les règles légales. Cela n'est pas de bon augure pour les salariés, confrontés aux grosses machines patronales toutes-puissantes, y compris dans le giron prud'homal… Néanmoins je souhaite bonne chance à celui qui voudra essayer de me mettre des bâtons dans les roues, je ne suis plus la même personne qu'il y a 11 ans !

Et vous aussi, qui lisez, vous pouvez y arriver. Parlez, racontez ce que vous vivez ou ce que vous avez vécu. Ne restez pas dans le doute et la honte. Jouez cartes sur table, c'est ainsi que vous rebondirez. Battez-vous, ne vous résignez pas !

Sommaire

Remerciements V

Introduction VII

Des débuts mouvementés 1

La grande mascarade 15

Une ascension inespérée 25

Une nouvelle recrue 31

Premier coup dur 37

Quand tout dégringole… 41

Bras de fer 49

Virée ?! 57

Un heureux revirement 67

Bras de fer : *bis repetita* 81

Harceleuse ou harcelée ?! 87

Briser la loi du silence 105

Un système perverti...115

Le cas Valentine 125

La valse des départs...133

Quand le navire coule…...155

Naviguer en eaux nouvelles 163